365 Tage Natur

365 Tage Natur

fühlen
schmecken
entdecken

Anna Carlile

EDEL

FÜR FREYA UND TASMAN

„Lebe jede Jahreszeit, wie sie kommt! Atme die Luft, trinke, schmecke die Früchte, und überlasse dich dem Einfluss der Erde.“

HENRY DAVID THOREAU, *WALDEN ODER LEBEN IN DEN WÄLDERN*

Inhalt

HERBST

WINTER

Anna Carlisle ist Gründerin des Kommunikationsdesignunternehmens Viola Design, das ein naturnahes Design propagiert und dem Umweltschutz einen hohen Stellenwert einräumt. Sie lebt mit ihrem Lebensgefährten Nick und den beiden Kindern Tasman und Freya im australischen Melbourne.

365 Tage Natur ist aus dem Wunsch entstanden, ein aufregendes, pulsierendes, von Kunst und Kultur geprägtes Leben in der Stadt zu führen und zugleich in die Weite und Schönheit der Natur einzutauchen.

365 Tage Natur schenkt uns das Beste aus beiden Welten. Die Projekte, die die Autorin in diesem Buch präsentiert, sind aus der Begegnung mit der Natur entstanden und bieten Städterinnen und Städtern die Möglichkeit, sich täglich mit ihr zu verbinden.

Einleitung

Drosseln Sie das Tempo. Vereinfachen Sie Ihr Leben. Lassen Sie los.

Das ist die Philosophie von *365 Tage Natur*. Mit der Lektüre dieses Buches treten Sie in ein entschleunigtes Universum ein, das seine Inspiration der Erde, dem Meer, der Sonne und dem Himmel verdankt.

Ob Sie in einer Stadtwohnung mit wenig Grün drum herum leben oder einen regelrechten Dschungel vor der Haustür haben – dieses nach Jahreszeiten gegliederte Buch zeigt viele Möglichkeiten auf, wie Sie Ihren Alltag mit kreativen, umweltverträglichen und beglückenden Aktivitäten bereichern.

Gehen Sie spazieren, klettern Sie auf einen Baum, basteln Sie einen Drachen, lassen Sie ihn fliegen. Versenken Sie Samenkörner in der Erde, ziehen Sie Kräuter, buddeln Sie nach Ton, bemalen Sie Steine, und lernen Sie die Mondphasen kennen. Navigieren Sie nach den Sternen, beobachten Sie den Sonnenaufgang, lassen Sie sich den Duft des Regens in die Nase steigen.

Sie werden sich die Hände schmutzig machen, Sand unter den Füßen und Wind in Ihrem Haar spüren und sich in Ihre Kindheit zurückversetzt fühlen. Legen Sie Ihr Tablet zur Seite, und vernetzen Sie sich mit der Natur, Ihren Freunden, Ihrer Familie und natürlich mit sich selbst.

Mit *365 Tage Natur* erhalten Sie Zugang zu einer entschleunigten, unstrukturierten, unbelasteten Verbindung – öffnen Sie die Türen, und lassen Sie die Natur herein!

FRÜHLING

Raus in die Natur!

„Die Natur ist der Schlüssel zu unserer ästhetischen, intellektuellen, kognitiven, ja sogar spirituellen Erfüllung."

EDWARD O. WILSON

Ein Gemüsebeet anlegen

Mit dem Frühling kehren Licht, Wärme und das Versprechen der Fülle wieder. Schluss mit dem Winterschlaf - es ist Zeit für einen Neubeginn. Legen Sie ein Gemüsebeet an, um den Frühling zu begrüßen, und schauen Sie den Pflanzen beim Wachsen zu. Später können Sie die Früchte Ihrer Arbeit genießen.

DAS BRAUCHEN SIE: 2 SÄCKE GUTEN MUTTERBODEN / ZEITUNGSPAPIER, PAPPE ODER EINEN ALTEN TEPPICH / SAATGUT UND SETZLINGE IHRER WAHL / 2 SÄCKE PILZKOMPOST / 2 SÄCKE KUHDUNG / GARTENKOMPOST / EINEN BALLEN LUZERNEHEU ODER ERBSENSTROH / HALBRUNDE STÄBE ODER STAHLBOGEN / SCHATTIERNETZ, INSEKTENSCHUTZNETZ UND TRANSPARENTE PLASTIKFOLIE (OPTIONAL)

Höchste Zeit, nach draußen zu gehen und sich beim Anlegen eines Gemüsegartens die Hände schmutzig zu machen! Unsere Vorfahren planten ihre Gemüsebeete ebenerdig, was viel Bücken und Knien erforderte. Heutzutage sind Hochbeete, in denen die Pflanzen tiefer wurzeln und sich gesünder entwickeln können, sehr verbreitet. Dank ihrer Höhe wird Gartenarbeit körperlich weniger belastend. Ein weiterer Vorteil ist, dass um das Hochbeet herum weniger Unkraut gejätet werden muss.

Fertige Bausätze für Hochbeete sind im Versandhandel für Gartenbedarf und in Baumärkten erhältlich. Wenn Sie ein Faible fürs Selbermachen haben, sammeln Sie auf dem Recyclinghof ein paar alte Bretter zusammen, und bauen Sie die Einfassung selbst. Sie brauchen dazu nur eine Bohrmaschine und ein paar Schrauben. Am besten beginnen Sie mit einem einfachen Rechteck mit einer Grundfläche von 100 x 200 cm.

Idealerweise sollte Ihr Beet in etwa bis zum Knie reichen - andernfalls brauchen Sie eine Leiter, um hoch wachsende Bohnen und Tomaten zu ernten. Je höher das Beet, umso schmaler sollte es sein, damit es sich leicht bearbeiten und bepflanzen lässt und das Wasser gut abfließt.

Der richtige Standort

Ehe Sie mit dem Planen der Bepflanzung beginnen, müssen Sie einen geeigneten Standort für Ihr Beet festlegen. In kleinen Stadtgärten platziert man Hochbeete idealerweise direkt vor einem Zaun an einem geschützten, sonnigen Ort.

Achten bei der Standortwahl darauf, dass Ihr Beet vor Wind und Frost geschützt ist, in der kühleren Jahreszeit genügend und im Sommer nicht zu viel Sonne bekommt. Gemüsegärten legt man am besten in der Nähe der Küche an, sodass für die Ernte keine weiten Wege zurückzulegen sind.

Ein Hochbeet anlegen

1. Wählen Sie einen Standort für Ihr Beet, und bedecken Sie den Boden dick mit alten Zeitungen, Pappe oder einem alten Teppich, um Unkräuter oder Gras zu unterdrücken. Bauen Sie die Beeteinfassung auf.

2. Wenn Sie ein Insektenschutznetz oder ein Schattiernetz einplanen , bringen Sie etwas außerhalb des Beets an jeder Ecke halbrunde Bogen zum Aufspannen an. Netze bekommen Sie in Gartenbaubetrieben oder Baumärkten.

3. Füllen Sie die Beetumrandung mit je einem Drittel Muttererde, Pilzkompost und Kuhdung aus dem Gartencenter oder einer Gärtnerei. Alle Komponenten mit einer Grabgabel sorgfältig vermengen. Regelmäßige Gaben von gut verrottetem Kompost und Gründünger (etwa Leguminosen) sorgen dafür, dass die Erde gesund bleibt und die Pflanzen genügend Nährstoffe erhalten.

4. Jetzt kommt der schönste Teil: das Säen und Auspflanzen. Bei heißem Wetter pflanzt man Setzlinge am besten am frühen Abend, sodass sie sich akklimatisieren können, ohne von der Sonne versengt zu werden. Biologisches Saatgut alter Kulturpflanzensorten können Sie in Gärtnereien und über den Versandhandel beziehen; Setzlinge kaufen Sie am besten vor Ort. Vielleicht finden Sie im Buchhandel einen Gartenratgeber speziell für Ihre Region oder können bei erfahrenen Gärtnern in Erfahrung bringen, welche Gemüsesorten Sie wann säen und auspflanzen. Wenn Ihnen ein besonders hübscher Garten ins Auge fällt, schließen Sie Bekanntschaft mit der Besitzerin oder dem Besitzer, und lassen Sie sich Tipps geben. Setzen Sie Ihre Gemüsepflänzchen nicht zu dicht, denn sie wachsen nicht nur in die Höhe, sondern auch in die Breite. Frisch eingepflanzte Setzlinge vorsichtig wässern und mit Erbsenstroh oder Luzerneheu mulchen, damit der Boden nicht so schnell austrocknet.

5. Halten Sie in einem Kalender oder einem Notizbuch fest, wie lange es dauert, bis Ihr Frühlingsgemüse erntereif ist, damit Sie abschätzen können, wann es Zeit für das Pflanzen von Sommer-, Herbst- und Wintergemüse ist. Auch die Termine für Kompost- oder Düngergaben oder das Einkochen oder Einfrieren von Ernteüberschüssen für den Winter können Sie in den Kalender eintragen.

6. Hegen und pflegen Sie Ihre Pflänzchen liebevoll, und freuen Sie sich an den Erträgen.

Gute Nachbarn

In der Pflanzenwelt ist es wie im richtigen Leben: Es gibt gute und schlechte Nachbarn. Werden gute Nachbarn nebeneinandergepflanzt, halten sie Schädlinge voneinander ab und begünstigen sich gegenseitig in Geschmacksentwicklung und Ertrag. Probieren Sie folgende Kombinationen einmal aus, und beobachten Sie, wie Ihre Pflanzen gedeihen:

• Basilikum hält Fliegen und Mücken von Tomaten fern und verbessert den Geschmack der Früchte.

• Katzenminze vertreibt Fliegen, Ameisen und Nagetiere von den meisten Pflanzen.

• Schnittlauch unter Rosen hält Blattläuse fern und beugt Sternrußtau vor.

• Tagetes sind fantastische Begleiter für die meisten Gemüsesorten, denn sie töten Nematoden (Fadenwürmer) ab.

• Knoblauch hält Blattläuse fern, insbesondere von Himbeeren und Rosen.

• Kapuzinerkresse neben Blattgemüse (z.B. Kopfsalat) schützt vor Raupenbefall.

• Rosmarin vertreibt Möhrenfliegen und ist deshalb ein idealer Nachbar für Möhren.

• Sonnenblumen halten Ameisen von Maispflanzen fern und steigern deren Ertrag.

Tipp: Schlechte Nachbarn, wie z.B. Erbsen und Bohnen, hemmen einander im Wachstum.

Alles sprießt

„Im Frühling sollte man am Ende des Tages nach Schmutz riechen."

MARGARET ATWOOD, *BLUEBEARD'S EGG*

W
Bla
Fü
knu

Salat

180 g Di
1 EL Son
1 Bund S
etwas Zit
100 g Erl
150 g Fe
60 g Pist
2 Frühli
½ Bund
½ Bund

Dressin

2 EL Oliv
Saft und
Zitrone
½ TL ger
1 TL fein
100 g Fet

*Dinkel ist
Quinoa ode

Zwiebelgemüse ziehen

Unterhalb der Erdoberfläche, im Reich der Regenwürmer, gedeihen die Speicherorgane von Knollen- und Zwiebelpflanzen. Zu ihnen gehören auch Gemüse wie Knoblauch, Zwiebeln, Fenchel und Schalotten, die zu Recht aus unserer Küche nicht wegzudenken sind.

DAS BRAUCHEN SIE: KNOBLAUCHZEHEN AUS BIOANBAU / GUTE GARTENERDE / ERBSENSTROH ODER LUZERNEHEU / KELLE / FLÜSSIGDÜNGER / KOMPOST / WASSERSCHLAUCH ODER GIESSKANNE / MULCHMATERIAL

Eine Zwiebel (lat. *bulbus*) ist das Speicherorgan einer Pflanze. Im Grunde handelt es sich dabei um einen verdickten Teil der Sprossachse. Zwiebeln bestehen aus fleischigen, festen, kreisförmig angeordneten Blättern und verströmen oft einen penetranten Geruch. Bei Bedarf versorgen sie die Pflanzen mit Nährstoffen und sorgen so dafür, dass sie Ruhezeiten unbeschadet überstehen. Vor allem wegen ihres hohen Nährstoffgehalts sind sie so saftig und geschmacksintensiv. Speisezwiebeln steckt man am besten zu Beginn des Frühlings, sodass sie ein halbes Jahr später geerntet werden können.

Knoblauch gehört zu den bekanntesten Zwiebelgemüsen und wird fast überall auf der Welt zum Würzen von Speisen verwendet. Er kann frisch, gebraten, geräuchert, sauer eingelegt oder püriert verarbeitet werden. Es gibt zwei Hauptvarietäten: *Allium sativum* var. *ophioscorodon* (Schlangenknoblauch) und *Allium sativum* var. *sativum*, der eigentliche Kulturknoblauch. Schlangenknoblauch gedeiht gut in kühleren Regionen. Er bildet kräftige Triebe und Knollen mit relativ wenigen, großen Zehen. Kulturknoblauch fühlt sich in milderem Klima wohler. Seine Zehen sind kleiner, er reift schneller und kann länger gelagert werden als Schlangenknoblauch. Lässt man beim Ernten das Kraut stehen, kann man die Knollen zu Zöpfen flechten.

Knoblauch wird zwischen September und Oktober oder im zeitigen Frühjahr gesät oder gesteckt. Kaufen Sie Brutzwiebeln aus biologischem Anbau, oder vielleicht schenkt Ihnen ja ein Gärtnerfreund welche.

Knoblauch ziehen

1. Ein sonniges Gartenbeet mit einer mindestens 20 cm dicken Humusschicht ist der ideale Standort. Knoblauch gedeiht auf den meisten Böden, doch in gut gelockerter, fruchtbarer und mit Kompost angereicherter Erde bringt er die größten Erträge. Sie können die Zehen auch in einen tiefen Topf setzen.

2. Die Knolle in Zehen zerteilen und diese jeweils im Abstand von 20 cm mit der Spitze nach oben etwa 2,5 cm tief einpflanzen.

3. Das Beet gut wässern und mit Erbsenstroh oder Luzerneheu mulchen. Knoblauch braucht viele Nährstoffe und regelmäßige Wassergaben.

4. Düngen Sie alle vier bis sechs Wochen mit Flüssigdünger und etwas Kompost oder gut verrottetem Mist.

5. Nach etwa fünf bis sechs Monaten ist der Knoblauch erntereif. Wenn die Stängel welk und an der Basis weich werden, ist es so weit. Sie können auch den Boden um die Knollen vorsichtig lockern, um zu gucken, ob sie schon groß genug sind. Die reifen Knollen vorsichtig ausgraben, abbürsten und an einem trockenen, kühlen, gut belüfteten Ort im Haus oder in der Garage trocknen lassen – entweder flach ausgebreitet, in Bündeln aufgehängt oder in einer mit Zeitungspapier ausgelegten Schachtel.

Nicht vergessen: Ein paar kräftige Knollen zum Auspflanzen im folgenden Frühjahr aufbewahren!

Kompostieren

Beim Kompostieren verwandelt die Natur Ihre Küchenabfälle in „schwarzes Gold", das Sie zum Düngen und zur Verbesserung der Gartenerde verwenden können. Durch den Verrottungsprozess werden Nährstoffe recycelt, und es entsteht frischer Humus - unentbehrlich für ein gesundes Pflanzenwachstum.

DAS BRAUCHEN SIE: KOMPOSTER IHRER WAHL / GEMISCHTE GEMÜSEABFÄLLE / FRISCHEN RASENSCHNITT / TROCKENES LAUB / LUZERNEHEU ODER ERBSENSTROH / KOMPOSTBESCHLEUNIGER / HOLZASCHE ODER GARTENKALK / KOMPOSTWÜRMER

Als Humus bezeichnet man die Gesamtheit der abgestorbenen organischen Bodensubstanz. Diese dunkle, feinkrümelige Masse kann neunmal so viel Wasser speichern wie Sand. Humus sorgt für die Aufrechterhaltung der Bodenstruktur, bindet Nähr- und Mineralstoffe, gleicht den Boden-pH-Wert aus und sorgt dafür, dass Pflanzen prächtig gedeihen.

Auf die Planung kommt es an

Wählen Sie Art und Größe des Komposters abhängig von Ihrem Garten und davon, wie viel Geld Sie ausgeben wollen. Bei einem großen Garten können Sie alte Holzpaletten, Ziegel oder Strohballen als Basis verwenden. Um guten Kompost zu erzeugen, muss der Komposthaufen an der Basis mindestens einen Quadratmeter messen. Schnellkomposter aus Plastik, die direkt ins Beet gestellt werden, eignen sich für kleine Gärten.

Um Unkräutern keine Chance zu geben, verwenden Sie einen geschlossenen Behälter oder legen bei einem offenen Komposter ein stabiles, engmaschiges Gitter unter. Schnellkomposter dürfen im Sommer wegen der Würmer nicht überhitzen.

Kompostwürmer

Würmer ernähren sich von Pflanzenabfällen und tragen so zum Abbau organischen Materials bei. Ihre Ausscheidungen, der Wurmhumus, sind nährstoffreich. Kompostwürmer fressen pro Tag mengenmäßig in etwa das Äquivalent ihres halben Körpergewichts. „Impfen" Sie Ihren Kompost mit einer Handvoll Würmer aus Nachbars Garten, oder kaufen Sie welche übers Internet oder im Gartenfachhandel.

Die richtige Zusammensetzung

Ein ideales Verhältnis von Kohlenstoff und Stickstoff sorgt für schnellen Abbau der Abfälle und hält Schadinsekten ab. Gesunder Kompost stinkt nicht.

Essensreste enthalten viel Stickstoff. Daher sollte man Küchenabfälle immer mit Kohlenstofflieferanten wie Erbsenstroh, Luzerneheu, trockenem Laub oder Rasenschnitt bedecken. In einen kleinen Komposter geben Sie Zitrusfrüchte, Zwiebeln und Knoblauch nur in geringen Mengen und zerkleinern Ihre Abfälle, sodass sie sich schneller zersetzen. Um den Nährstoffgehalt zu erhöhen, können Sie gut verrotteten Mist zugeben; der Säuregehalt lässt sich mit Holzasche oder Gartenkalk ausgleichen.

Wasser, Luft und Temperatur

Ein Komposthaufen sollte feucht, aber nicht nass sein. Für gute Belüftung, und um den Verrottungsprozess zu beschleunigen, kompostieren Sie kleinere und größere Abfälle und graben den Kompost regelmäßig um. Bei einer Temperatur zwischen 55 und 75 °C haben Schädlinge keine Chance. Kompostwürmer verziehen sich in kältere Zonen, wenn es ihnen zu heiß wird. Bei Thermokompostern ist ihnen der Zugang zu tieferen Bodenschichten verwehrt - ein gut temperierter Standort ist für sie also lebenswichtig. In kleineren Kompostern entwickelt sich wegen der begrenzten Materialmenge weniger Hitze, sodass die Verrottung länger dauert.

Fertiger Kompost

Reifer Kompost ist dunkelbraun, feinkrümelig, riecht nach frischer feuchter Erde und fühlt sich kühl an.

Hühner halten

Auf unserer Erde gibt es weit mehr Hühner als Menschen. Haushühner sind überdies höchst effiziente Nutztiere: Sie ernähren sich von Essensabfällen, liefern frische Eier und produzieren unablässig stickstoffreichen Dünger für den Garten.

DAS BRAUCHEN SIE: HÜHNERSTALL MIT GEHEGE / HÜHNER IHRER WAHL / ERBSENSTROH ODER LUZERNEHEU / PELLETS UND KÖRNERFUTTER FÜR LEGEHÜHNER / TRÄNKE / PFLANZENABFÄLLE

Hühner profitieren wie auch wir Menschen von einer ausgewogenen Ernährung, brauchen frisches Wasser, liebevolle Zuwendung, Platz zum Umherstreifen und ein gemütliches Zuhause.

Bevor Sie sich Hühner zulegen, erkundigen Sie sich bei der zuständigen Behörde, ob irgendwelche gesetzlichen Auflagen dagegensprechen. Im privaten Rahmen ist Hühnerhaltung in Deutschland nicht genehmigungspflichtig, allerdings müssen die Tiere dem Veterinäramt und der Tierseuchenkasse gemeldet werden. Ein stolzer Hahn ist sicherlich ein schöner Anblick, kann mit seinem lauten Gekrähe aber auch die Nachbarn gegen sich aufbringen.

Die richtige Anzahl

In einem Stadtgarten normaler Größe können Sie zwei bis vier Hühner halten - eine ideale Anzahl, denn in ihrer natürlichen Umgebung leben Hühner in kleinen Gruppen. Um sich wohlzufühlen und sich von Parasiten befreien zu können, brauchen sie viel Platz zum Scharren und für Staubbäder. Hühner können einen Garten innerhalb von Stunden in eine Mondlandschaft verwandeln. Es ist also ratsam, nur so viele anzuschaffen, wie sich bequem in einem Gehege unterbringen lassen. Auch sollten Sie sich überlegen, wie viele Eier Sie benötigen, und die Futterkosten einkalkulieren.

Der Hühnerstall und der Auslauf

Die Grundausstattung eines Hühnerstalls besteht aus Nistboxen für die Eiablage, einer Stange als Schlafplatz, einem Kotbrett und Stroh als Unterlage. Letztere erleichtern die Reinigung des Stalls. Darüber hinaus benötigen Hühner einen Auslauf, in dem sie sich gefahrlos bewegen können, sprich: vor Hunden und Füchsen sicher sind. Fertige Hühnerställe sind im Tier- und Versandhandel erhältlich. Wenn Sie möchten, können Sie den Hühnerstall aber auch selbst bauen.

Wermut, Rainfarn und Lavendel vertreiben Insekten und sorgen, auf dem Stallboden und im Auslauf verteilt, für die notwendige Hygiene. Erbsenstroh und Luzerneheu eignen sich hervorragend als Nistmaterial und können nach dem Ausmisten in den Garten oder auf den Komposthaufen gestreut werden. Der Hühnerkot sollte täglich entfernt und der Stall selbst alle zwei bis drei Wochen gründlich gereinigt werden. Regelmäßiges Besprühen mit Kieselgur oder Holzasche hilft gegen Parasiten wie Vogelmilben und Läuse.

Geeignete Hühnerrassen

Es gibt Hunderte von Hühnerrassen, doch nur etwa 20 von ihnen bringen eine gute Legeleistung. Erkundigen Sie sich bei Bauern und Züchtern Ihrer Region, welche Rassen sich für Ihre Zwecke am besten eignen. ISA-Braun-Hühner und Rhodeländer werden in Australien, Europa und in den USA gern als verlässliche „Eierleger" gehalten.

Die zwergwüchsigen Bantam-Hühner sind eine exzellente Wahl für kleine Gärten. Ihre Eier sind nicht sehr groß, aber köstlich. Die Tiere benötigen weniger Futter als größere Rassen und richten im Garten weniger Schaden an, wenn sie frei darin herumlaufen.

Darüber hinaus gibt es eine ganze Reihe prächtig gefiederter alter Rassen – sie legen zwar womöglich weniger Eier, lassen mit ihren schön gemusterten Federn und ihrer einzigartigen Persönlichkeit aber das Herz jedes Hühnerhalters höherschlagen. Altsteirer, Sundheimer, Westfälische Totleger, Lachshühner – die Liste ist noch wesentlich länger. Manche Rassen glucken mehr als andere – ein Pluspunkt, wenn Sie Hühner züchten möchten. Wahrscheinlich schlüpfen sowohl männliche als auch weibliche Küken, was die Frage aufwirft, was mit den Junghähnen geschehen soll.

Kaufen Sie Junghühner nur bei seriösen Geflügelzüchtern. Die Tiere sollten geimpft und zwischen 16 und 20 Wochen alt sein, sodass sie weniger anfällig für Krankheiten, aber noch nicht ganz ausgewachsen sind.

Vorsicht ist beim Erwerb von Hühnern auf Märkten geboten, denn es besteht die Gefahr, dass sie Krankheiten einschleppen.

Krankheiten vorbeugen

Hühner können von allerlei Ungeziefer befallen werden sowie aufgrund viraler oder bakterieller Infektionen erkranken. Manche Krankheiten, wie z. B. die Vogelpocken, sind heilbar, andere, wie die Geflügelcholera, nicht. Achten Sie darauf, ob die Beschaffenheit des Kots, der Appetit, das Verhalten, das Gefieder und die Haut Ihrer Hühner sich verändern. Wenn Sie das Gefühl haben, dass irgendetwas nicht stimmt, sollten Sie einen Tierarzt und/oder Hühnerexperten zu Rate ziehen.

Durch gute Hygiene und eine abwechslungsreiche Ernährung können Sie Krankheiten vorbeugen. Hühner mögen eine Mischkost aus Körnerfutter, Legehennenpellets, frischen Essensresten, Insekten, Würmern und Grünzeug. Muschelschalenschrot fördert ihre Verdauung und liefert lebensnotwendiges Kalzium, ohne das die Eierschalen dünn und brüchig werden. Hühnerfutter ist im Zoobedarf und übers Internet erhältlich.

Proteinreiches Grünfutter garantiert sattgelbe Eidotter. Sorgen Sie dafür, dass Ihren Hühnern immer genügend frisches, kaltes und sauberes Trinkwasser zur Verfügung steht. Ein Wasserspender ist die hygienischste Lösung. Um die Tiere zu entwurmen, können Sie alle paar Monate frischen Knoblauch ins Trinkwasser geben. Als Alternative bieten sich handelsübliche Wurmkuren an, die im Zoobedarf erhältlich sind.

Neue Vögel in die Gruppe integrieren

Hühner haben eine ausgeprägte Hackordnung, die für uns Menschen ziemlich gewöhnungsbedürftig ist. Indem sie einander hacken, etablieren sie in der Gruppe schnell eine Hierarchie. Unabhängig davon, ob Sie nur eine Rasse oder mehrere Rassen halten, wird es in Ihrer Hühnergruppe ein oder zwei dominante Tiere geben, die sich gegen die anderen, sensibleren Gemüter durchsetzen. Auch bei eher sanftmütigen Rassen, wie z. B. Seidenhühnern, Australorps, Cochins oder Brahma-Hühnern, gibt es aggressivere Tiere. Das Hacken liegt Hühnern nun einmal im Blut. Wenn Sie neue Hühner in eine bestehende Gruppe integrieren wollen, schleusen Sie immer mindestens zwei auf einmal ein, damit sie sich schneller eingewöhnen. Halten Sie die Neuen zunächst eine Woche lang neben dem Hühnerstall getrennt von den anderen, dann lassen Sie sie über Nacht in den Stall. Nun heißt es Daumen drücken, dass sich am nächsten Morgen alle miteinander vertragen.

Bienen anlocken

Bienen sind außergewöhnliche Tiere. Für ein Glas Honig sind schätzungsweise zehn Millionen Flüge nötig. Hier erfahren Sie, wie Sie Ihren Garten bienenfreundlich gestalten können. So tragen Sie nicht nur zum Schutz der Bienen, sondern auch zum Erhalt ihrer Nahrungspflanzen und zur Artenvielfalt bei.

Zwischen 10000 und 60000 Bienen leben in einem Bienenstaat. An einem einzigen Tag besucht eine Arbeitsbiene manchmal mehr als 500 Blüten, um Nektar und Pollen zu sammeln. Nektar ist ein zuckerhaltiges, wässriges Pflanzensekret, das Bienen lieben.

Natürlich sammeln sie den Nektar nicht, weil wir so gerne Honig essen – sie sammeln ihn, um ihr Volk im Winter, wenn es draußen nichts zu holen gibt, zu versorgen. Die Sammlerinnen geben den Nektar an die im „Innendienst" tätigen Arbeiterinnen weiter, die ihn in Waben ablegen und so lange trocken fächeln, bis genügend Wasser verdunstet ist. Sobald der Honig fertig ist, verschließen die Bienen die Waben mit Wachs.

Überlässt man Bienen sich selbst, produzieren sie genügend Honig, um ihren ganzen Staat im Winter durchzufüttern. Gewährt man ihnen den nötigen Schutz und schenkt ihnen genügend Aufmerksamkeit, lassen sie sich zur Überproduktion verleiten. Imker gewinnen auf diese Weise köstlichen Speisehonig und Bienenwachs, das für die Herstellung von Kerzen, Hautcremes und Haarspülungen verwendet wird. Roher, unbehandelter Honig lindert Halsentzündungen und hilft bei der Wundheilung.

Bienen spielen eine extrem wichtige Rolle für die Bestäubung von Pflanzen. Sie transportieren Pollen von männlichen zu weiblichen Blüten und sorgen so dafür, dass die Pflanzen Früchte ausbilden und sich vermehren.

Heimischen Honig bevorzugen

Wenn Sie sich für Bienen interessieren, nehmen Sie Kontakt zu einem Imker in Ihrer Nähe auf. Viele Kleinimker verkaufen ihren Honig auf Wochenmärkten oder in Dorfläden. Gerade Wochenmärkte sind oft eine gute Möglichkeit, mit lokalen Erzeugern ins Gespräch zu kommen und zu erfahren, wie es um die Imkerei in der Region bestellt ist.

Honig wird in der Regel zwischen Hoch- und Spätsommer geerntet, wenn viele Wiesenpflanzen in voller Blüte stehen und Unmengen von Nektar eingelagert werden.

Auf der Suche nach Nektar legt eine Biene pro Tag oft mehr als 6 km zurück. Der Honig eines Bienenstocks besteht folglich aus Nektar, der im Umkreis von 10 km gesammelt wurde. Heimischer Honig stammt zum Teil vielleicht sogar von Pflanzen aus Ihrem Garten.

Für einen bienenfreundlichen Garten

Mit nektarreichen Blumen und Kräutern lassen sich Bienen nur allzu gern in Ihren Garten locken. Bienenpflanzen sind ebenso farbenprächtig wie nutzbringend – und wunderschön anzusehen.

Bienen bevorzugen gelbe, purpurfarbene oder blaue Blüten, z.B. von Vergissmeinnicht, Lavendel, Katzenminze, Salbei, Phaszelien und Kapuzinerkresse. Auch von den Blüten zahlreicher Kräuter, wie z.B. Basilikum, Thymian, Salbei, Salatrauke, Borretsch, Schnittlauch, Schnittknoblauch und Koriander, werden sie magisch angezogen.

Bienen halten

Es gibt viele Bienenarten, doch die fleißigste und folglich populärste Honigsammlerin ist die Europäische Honigbiene *(Apis mellifera)*.

In Deutschland ist die Haltung von Bienen auf Privatgrundstücken weitgehend uneingeschränkt erlaubt, doch die Stöcke müssen beim Veterinäramt gemeldet werden. Erkundigen Sie sich beim örtlichen Imkerverein, welche Vorschriften darüber hinaus zu beachten sind.

Ist alles geklärt, können Sie loslegen. Dazu benötigen Sie unter anderem eine Honigschleuder, Schutzkleidung, einen Bienenstock und natürlich ein Bienenvolk mit einer Königin und Arbeiterinnen.

Am besten besuchen Sie zunächst einen Einführungskurs oder ein Einsteigerseminar, in dem Sie lernen, wo man Bienenstöcke aufstellt, wie oft man sie inspizieren sollte, wie man mit Bienen umgeht, sie gesund erhält, Krankheiten erkennt und Honig erntet. Vielleicht erfahren Sie auch, warum Imker stets weiße Kleidung tragen (um nicht mit räuberischen Schwarzbären verwechselt zu werden, lautet eine Theorie) und wann man Bienen am besten in Ruhe lässt (an kalten Vormittagen und nach Regen), um nicht gestochen zu werden. Solche Seminare bietet z.B. der Deutsche Imkerbund an.

Die Höflichkeit gebietet es, die direkten Nachbarn über den Einzug des neuen Bienenvolks zu informieren, denn die erhöhte Aktivität bei Sonnenaufgang und -untergang, wenn die Bienen den Stock verlassen und wieder zurückkehren, wird sicher nicht unbemerkt bleiben.

Bienen als Untermieter

Wenn Sie keine eigenen Bienen halten, aber nicht auf einen Bienenstock verzichten möchten, können Sie ein Volk als Untermieter aufnehmen.

Bienen schwärmen im Frühling aus, wenn die Population des Stocks wächst und eine neue Königin geboren wird. Die alte Königin verlässt dann mit Tausenden von Arbeitsbienen ihr Zuhause und überlässt es der neuen Königin und deren wachsendem Volk.

Imker sind häufig auf der Suche nach Standorten, wo sie ihre alten Königinnen und deren Hofstaat unterbringen können. Vielleicht findet sich in Ihrem Garten ein passendes, windgeschütztes und sonniges Plätzchen, das in der Nähe einer dauerhaften und gut zugänglichen Wasserquelle liegt. Wenn die Sonne den Stock erwärmt, machen Ihre „bienenfleißigen" Untermieter ihrem Ruf alle Ehre.

Die „Miete" wird häufig mit Honig entgolten - und wenn der Imker einverstanden ist, können Sie ihm bei der Arbeit über die Schulter schauen und ihm später vielleicht sogar zur Hand gehen.

Sprossen ziehen

Aus Bohnen und anderen Samen Sprossen zu ziehen ist kinderleicht und macht riesig Spaß. Sprossen sind sehr gesund und wachsen auf jeder Fensterbank. Man könnte sie auch als die „Tierbabys" der Pflanzenwelt bezeichnen: Sie sind winzig, süß und dankbar, wenn man sie hätschelt.

DAS BRAUCHEN SIE: ESSLÖFFEL / KEIMSAAT IHRER WAHL / WECKGLÄSER / SCHERE / MULLTUCH / GUMMIS

Als Spross oder Keimling bezeichnet man den ersten winzigen Trieb, der aus einem Samenkorn wächst. Beim Sprossenziehen forciert man diesen Vorgang, indem man das Saatgut zum Austreiben anregt.

Die Vorteile

Sprossen sind lebendige Nahrung, die Unmengen an Enzymen, Vitaminen und Nährstoffen liefert. Roh verzehrt, sind sie am nährstoffreichsten und am schmackhaftesten. Sprossen eignen sich als Zutat für Salate und Smoothies, verfeinern Brotaufstriche, wie z.B. Avocadomus und Hummus, können aber auch pur gegessen werden.

Das richtige Saatgut

Für die Sprossenzucht sollten Sie nur Saatgut verwenden, das für diesen Zweck hergestellt wurde (Keimsaat). Herkömmliches Saatgut eignet sich nicht zum Direktverzehr.

Geeignetes (Bio-)Saatgut erhalten Sie im Internet-, Saatguthandel und in Gartencentern. Bioläden, Drogeriemärkte und Reformhäuser halten meist ebenfalls eine kleine Auswahl bereit. Alfalfa-, Buchweizen-, Kichererbsen-, Linsen-, Mungbohnen-, Quinoa-, Rettich-, Rotkohl- und Sojabohnensprossen sind besonders beliebt.

So geht's

Es gibt viele Möglichkeiten, Sprossen zu ziehen. Zum Ausprobieren genügt ein Einweckglas. Es gibt kaum eine einfachere Möglichkeit, das Wunder der Keimung zu beobachten.

Pro Weckglas sollten Sie wegen der unterschiedlichen Keimzeiten immer nur eine Sorte Saatgut ausbringen. Normalerweise keimen Samen innerhalb von drei bis sieben Tagen.

1. Geben Sie ein paar Esslöffel Saatgut in ein sauberes Einmachglas, und gießen Sie lauwarmes Wasser darüber. Es sollte die Samen etwa 5 cm hoch bedecken.

2. Die Öffnung des Glases mit einem passend zugeschnittenen Mulltuch (es sollte rundum etwa 2,5 cm überstehen) und einem Gummiband verschließen. Das Glas über Nacht stehen lassen.

3. Am Folgetag das Wasser abgießen. Das Mulltuch hierfür am Rand gut festhalten, das Glas schräg über die Spüle halten und vorsichtig schütteln.

4. Frisches Wasser durch das Mulltuch gießen, die Samen darin schwenken und das Wasser wieder abgießen.

5. Das Glas an einen warmen, dunklen Ort stellen. Um die Keimung anzuregen und Schimmelbildung zu verhindern, sollten Sie die Samen täglich spülen, bis sich winzige, zartgrüne Sprossen zeigen. Normalerweise dauert das drei bis fünf Tage.

6. Die Sprossen aus dem Glas nehmen und in einer mit Küchenkrepp ausgelegten verschließbaren Schüssel oder Plastikdose verstauen (Küchenkrepp saugt überschüssige Feuchtigkeit auf). Sie sollten im Kühlschrank aufbewahrt und innerhalb von einer Woche verzehrt werden.

Gehen Sie wandern

„Wandern … bedeutet, dass der Körper sich an der Erde misst.“

REBECCA SOLNIT, *WANDERLUST: A HISTORY OF WALKING*

Ein Lagerfeuer errichten

Feuer gehört zu den mächtigsten Elementen der Natur und war bedeutend für die Entwicklung der Menschheit. Ein Lagerfeuer spendet Wärme und Licht, bietet Schutz vor wilden Tieren und dient als Kochstelle. Es lädt dazu ein, Geschichten zu erzählen, sein Herz auszuschütten, und schürt romantische Gefühle.

DAS BRAUCHEN SIE: ZUNDER / KLEINHOLZ / HOLZSCHEITE / STREICHHÖLZER / EIMER MIT WASSER

Ein Lagerfeuer zu errichten, zu entzünden und zu unterhalten ist nicht so einfach, wie es scheint. Entfachen Sie Feuer nur dort, wo es ausdrücklich erlaubt ist, stellen Sie stets einen Eimer Löschwasser bereit, und halten Sie sich gegebenenfalls an zeitliche Vorgaben. Ein offenes Feuer niemals unbeaufsichtigt lassen und die Feuerstelle erst verlassen, wenn das Feuer vollständig erloschen ist!

Eine Feuerstelle errichten

Wenn Ihr Lagerplatz eine Feuerstelle hat, nutzen Sie sie. Wenn nicht, müssen Sie eine errichten. Wählen Sie hierfür einen Platz in größerer Entfernung zu Bäumen, Büschen und anderen Pflanzen. Eine Feuerstelle sollte stets auf unbewachsenem Grund, nicht auf Gras (und schon gar nicht auf trockenem Gras) angelegt werden.

Schichten Sie mit den Händen, einem Stock oder einer Schaufel in der Mitte der Feuerstelle einen 8 bis 10 cm hohen Erdhügel auf.

Holz sammeln

Für ein Lagerfeuer brauchen Sie in genau dieser Reihenfolge drei Grundmaterialien: Zunder, Anzündholz und Holzscheite oder trockene Äste.

Zunder: Die Basis für ein gutes Lagerfeuer ist eine ausreichende Menge Zunder aus trockenem Laub, Rinde, Holzspänen und trockenem Gras. Ihr „Feuernest“ sollte in etwa so groß wie ein dicker Kiefernzapfen sein.

Anzündholz: Um das Feuer in Gang zu bringen, benötigen Sie trockene Zweiglein, die nicht dicker als Stifte sein sollten. Sie fangen schnell Feuer, gehen aber auch schnell wieder aus, wenn Sie voreilig dicke Scheite darauflegen, die die Flämmchen ersticken.

Äste und Scheite: Trockene, etwa armdicke Äste sind für ein Lagerfeuer ideal. Auch große Scheite können Sie auflegen – allerdings erst, wenn das Feuer gut brennt.

Im Folgenden erfahren Sie, welche Art von Lagerfeuer sich für welche Zwecke am besten eignet.

Tipi- oder Pyramidenfeuer

Ein Tipifeuer reicht zum Aufbrühen von Kaffee oder zum Auftauen eines Snacks vollkommen aus. Das Tipi ist schnell aufgebaut und die Feuerstelle schnell gereinigt. Wer nicht lange an einem Lagerplatz verweilt, benötigt kein aufwendigeres Lagerfeuer.

Das Zunderbündel in die Mitte der Feuerstelle legen und, mit den dünnsten Anzündhölzchen beginnend, ringsum ein Tipi errichten. An einer Seite eine Öffnung lassen, damit die Luft zirkulieren und die Flämmchen auf das Anzündholz blasen kann. Von innen nach außen immer kräftigere Anzündhölzer und zum Schluss Äste auflegen.

Ein Streichholz anzünden und unter den Zunder legen. Die Flamme steigt direkt nach oben zu den Anzündhölzern und den dickeren Ästen auf. Vermutlich wird das Tipi irgendwann in sich zusammen fallen. Dann ist es Zeit, Brennholz nachzulegen.

Kochfeuer

Bei einem Kochfeuer wird neben den Flammen Platz für Kessel, Töpfe und Pfannen geschaffen. Kochfeuer sind ideal, wenn man mehrere Tage an einem Ort campen und sich schmackhafte warme Mahlzeiten zubereiten möchte.

Reihen Sie Ihr Kochgeschirr auf, und suchen Sie zwei gerade, grüne Äste passender Größe. Da diese Äste später als Begrenzung des Kochbereichs dienen, sollten sie mindestens so lang sein wie die Geschirrreihe. Die Äste beim Aufbau des Feuers beiseitelegen.

Errichten Sie ein großes Holztipi, und entzünden Sie Ihr Lagerfeuer. Wenn es schön brennt, die beiden grünen Äste auf beiden Seiten danebenlegen, an einem Ende etwa 18 cm und am anderen Ende rund 10 cm weit entfernt. Kleineres Geschirr wie Kessel und Kaffeebecher am schmaleren, größere Töpfe und Pfannen am breiteren Ende des Kochbereichs platzieren.

Töpfe mit Henkeln oder Griffen können auch über das Feuer gehängt werden. Suchen Sie zwei stabile, etwa 60 cm lange, gabelförmige Äste, und rammen Sie sie auf beiden Seiten des Feuers mit der Gabel nach oben in den Boden. Die Töpfe an einen stabilen, geraden Ast hängen und diesen auf die Gabel legen.

Lassen Sie Ihr Kochfeuer nach Möglichkeit nie ausgehen, sodass Sie bald einen großen Vorrat Holzkohle haben, die Sie - je nach gewünschter Temperatur - flach ausbreiten oder zu einem Häufchen schichten können.

Wärmefeuer

An einem Wärmefeuer kann man stundenlang gemütlich sitzen, denn die Wärme wird mithilfe eines Reflektors genau in die gewünschte Richtung gelenkt. Wer in kühlen Nächten unter freiem Himmel zeltet, wird das zu schätzen wissen.

Als Reflektor eignet sich alles, was nicht entflammbar ist - etwa ein Felsvorsprung, ein großer Stein oder ein Erdhügel. Wenn Sie keinen natürlichen Reflektor finden, schlagen Sie hinter der Feuerstelle zwei stabile Pfähle schräg in den Boden, und schichten Sie daran runde Balken oder Äste auf - die größten unten, die kleinsten oben. Verwenden Sie hierfür nur grünes, schwer entflammbares Holz.

Errichten Sie etwa 1,5 m vor dem Reflektor ein Kochfeuer, machen Sie es sich in seiner Nähe gemütlich, und genießen Sie die Wärme.

Das Feuer löschen

Legen Sie kein Holz mehr nach, und lassen Sie das Feuer vollständig herunterbrennen, bis nur noch Asche übrig ist. Restglut mit einem Eimer Wasser oder, falls keines verfügbar ist, mit Schmutz oder Sand ersticken. Wenn kaltes Wasser auf heiße Glut trifft, zischt es. Schütten Sie so lange Wasser nach, bis das Zischen erstirbt und die Glut komplett durchnässt ist. Zum Schluss die Asche mit einer Schaufel zerteilen. Verlassen Sie die Feuerstelle erst, wenn die Asche vollständig erkaltet ist.

Stockbrot mit Mohn und Rhabarberkompott

Stockbrot ist ein ungesäuertes Brot, das an keinem Lagerfeuer fehlen darf. Der Teig wird, um einen Stock gewickelt oder in Folie gepackt, in der Glut des offenen Feuers gegart. Heißes Stockbrot mit Butter, Sirup und Marmelade lässt jedes Camperherz höherschlagen.

FÜR 6-8 PERSONEN

Stockbrot mit Mohn

450 g Mehl
2 TL Backpulver
½ TL Salz
60 g Butter und Butter zum Servieren
40 g Mohnsaat
125 ml Milch

Kompott aus Rhabarber, Honig und Earl Grey

500 g Rhabarber, in 0,5 cm breite Stücke geschnitten
2 TL Honig
125 ml starker Earl-Grey-Tee
50 g Zucker

Stockbrot

1. Sammeln Sie ein paar stabile Stöcke mit mindestens 1,5 cm Durchmesser zusammen. Die Stöcke säubern und sorgfältig abtrocknen.

2. Mehl, Backpulver und Salz in einer Schüssel mischen und mit der Butter verkneten. Sobald der Teig krümelig ist, die Mohnsamen untermischen. Eine Mulde in die Mitte drücken und Milch und 75 bis 110 ml Wasser hinzugeben. Alles zu einem glatten Teig verrühren.

3. Den Teig portionieren, zu etwa 2 cm breiten Streifen auswellen und die Teigstreifen spiralförmig um die Stöcke wickeln.

4. Sobald das Feuer heruntergebrannt ist, können Sie das Stockbrot über der Holzkohle grillen, bis es hohl klingt, wenn man dagegen klopft. Das dauert etwa 10 bis 15 Minuten, je nachdem, wie heiß die Glut und wie dick der Teig ist.

5. Stockbrot kann auch bei 200°C 20 bis 30 Minuten im Backofen gebacken werden.

Kompott

Alle Zutaten auf mittlerer Flamme in einer Kasserolle erhitzen und 10 bis 15 Minuten einkochen.

Servieren

Das Stockbrot mit Butter, Rhabarberkompott und einer Tasse Tee servieren.

Einen Kranz aus Wildblumen flechten

Der Frühling bringt uns Lebensfreude und ein Feuerwerk aus Farben. Heißen Sie ihn willkomen mit einem Flechtkranz aus selbst gepflückten Wildblumen. Wildblumenkränze machen sich toll als Schmuck für Esstische, Fenster und Türen, aber auch als Haarschmuck oder als Geschenk für Naturfreunde.

DAS BRAUCHEN SIE: WILDBLUMEN / SCHERE / RAFFIABAST ODER ZWIRN

Wildpflanzen wachsen, wie der Name schon sagt, in der freien Natur. Niemand hat sie ausgesät oder gepflanzt. Allein der Wind oder Vögel haben ihre Samen weitergetragen und verbreitet. Und die richtigen Wetterverhältnisse haben sie in ihrer Pracht und Fülle zum Blühen gebracht.

Viele Länder haben Wildblumen als Nationalsymbole gewählt - biologische Nationalflaggen, wenn man so will: England die Tudor-Rose, Ungarn die Tulpe, Mexiko die Dahlie und Schottland die Distel. Das florale Symbol der Vereinigten Staaten ist - obwohl sie dort gar nicht heimisch ist - die Rose. Die einzelnen US-Staaten sind da schon patriotischer: In Connecticut gilt der einheimische Berglorbeer, in Arizona die Blüte des Saguaro-Kaktus und in Colorado die Rocky-Mountains-Akelei als „Staatsblume“. Australien hat sich für die Goldakazie entschieden.

Wildblumen sammeln

Wildblumen wachsen dort, wo die Menschen der Natur freien Lauf lassen: in Naturparks, in Wäldern, auf Grünstreifen, an naturbelassenen Flussufern und Hügeln sowie im Gebirge.

Wählen Sie für Ihren Kranz Blumen mit biegsamen Stängeln. Pollenarme Arten sind praktisch, wenn Sie zu Hause keinen Blütenstaub aufkehren möchten. Reißen Sie beim Pflücken keinesfalls die Wurzeln aus, und lassen Sie für Bestäuber wie Bienen pro Pflanze stets ein paar Blumen stehen, damit die Pflanze überleben und auch im Jahr darauf wieder blühen kann.

Den Kranz flechten

Schneiden Sie alle Blütenstängel auf etwa die gleiche Länge.

Nehmen Sie zwei Blumen auf, und legen Sie einen Stängel in einer Schlaufe um den anderen. Die Stielenden vorsichtig nach unten ziehen, um die Schlaufe festzuzurren. Eine weitere Blume unterhalb der beiden anderen anlegen, den Stängel zur Schlaufe legen und die Schlaufe festziehen. Fahren Sie auf diese Weise fort, bis Ihr Blumenstrang die gewünschte Länge hat.

Um den Kranz zu schließen, flechten Sie die beiden Enden zusammen. Bei Bedarf können Sie ihn zur Stabilisierung mit Weinranken, Efeu, Raffiabast oder Zwirn umwickeln.

Den Kranz frisch halten

Wie lange ein Blumenkranz frisch aussieht, hängt davon ab, welche Blumen Sie verwendet haben. Meist welkt er nach ein oder zwei Tagen. Besprühen Sie ihn ab und zu mit Wasser, und hängen Sie ihn über Nacht mit den Blütenköpfen nach unten auf - das verlangsamt den Welkprozess.

Vorsicht: Viele Wildblumen stehen unter Naturschutz und dürfen nicht gepflückt werden. Informieren Sie sich bei den lokalen Behörden.

Eine Miniblumenpresse basteln

Die Natur ist zu jeder Jahreszeit prachtvoll verschwenderisch, doch im Frühling ganz besonders, wenn viele Blumen zu blühen beginnen. Diese kleine Blumenpresse passt in jede Tasche und begleitet Sie auf Ihre Streifzüge im Freien. Sammeln Sie darin Blüten in leuchtenden Farben als Erinnerung an den Frühling.

DAS BRAUCHEN SIE: SPERRHOLZ / FEINES SCHLEIFPAPIER / WELLPAPPE / LÖSCHPAPIER / 2 RIEMEN / 4 D-RINGE (GIBT'S IM BASTELBEDARF) / STIFT / LINEAL / SCHERE / NADEL UND FADEN ODER NÄHMASCHINE / BASTELLEIM

Diese Blumenpresse besteht aus zwei Sperrholzplatten und mehreren Schichten Wellpappe und Löschpapier dazwischen. Zwei Riemen halten das Konstrukt zusammen.

Auf jede Lage Wellpappe können Sie eine Blüte oder ein Blatt legen. Die hier beschriebene Presse hat fünf Schichten, doch Sie können die Anzahl nach Belieben erhöhen.

So geht's

1. Aus dem Sperrholz zwei gleich große Platten in geeigneter Größe aussägen (oder im Baumarkt zusägen lassen). Sie sollten bequem in die Tasche passen, in der Sie die Presse mitführen möchten (die meisten Taschen haben eine Grundfläche von etwa 9 x 6,5 cm).

2. Ecken und Kanten der Platten mit feinem Schleifpapier glatt schleifen.

3. Sechs Rechtecke aus Wellpappe in der Größe der Sperrholzbretter zuschneiden. (Recyceln Sie nach Möglichkeit altes Verpackungsmaterial.)

4. Fünf Löschpapierblätter in der Länge der Sperrholzbretter, aber in doppelter Breite zuschneiden. (Wenn das Sperrholzbrett z. B. 9 x 6,5 cm misst, müssen Sie das Löschpapier auf 9 x 13 cm zuschneiden.) Statt Löschpapier eignet sich auch glattes Zeitungspapier, Seidenpapier oder Kunstdruckpapier.

5. Falten Sie jedes Blatt Papier in der Mitte, sodass es genauso groß ist wie die Sperrholzbretter. Die Ecken mit der Schere abrunden.

6. Nun können Sie die Presse zusammenbauen. Legen Sie ein Sperrholzbrett auf eine stabile Oberfläche, und schichten Sie abwechselnd Pappe und Löschpapier aufeinander, bis alle Bogen verbraucht sind. Die Falze der einzelnen Lagen müssen aufeinanderliegen. Wenn alles Material aufgebraucht ist, setzen Sie das zweite Holzbrett auf den Stapel.

7. Das Ende eines Riemens um zwei D-Ringe nähen – von Hand oder mit der Maschine. Mit dem zweiten Riemen genauso verfahren.

8. Die Riemen halten die Presse zusammen. Einen Riemen von rechts oder links so um den unteren Teil der Presse wickeln, dass die D-Ringe vorne liegen. Das lose Ende durch die Ringe fädeln und den Riemen an der Rückseite der Blumenpresse festkleben. Mit dem zweiten Riemen auf der oberen Hälfte der Presse ebenso verfahren.

9. Den Kleber gut trocknen lassen.

Viel Spaß beim Blumenpressen!

Den Sonnenaufgang betrachten

„Ich fühlte, wie sich meine Lunge unter dem Ansturm der Landschaft blähte – Luft, Berge, Bäume, Menschen. Ich dachte: ‚So fühlt man sich, wenn man glücklich ist.'“

SYLVIA PLATH, *DIE GLASGLOCKE*

Ihren Lieblingsplatz finden

Irgendwo draußen sollte es einen Ort geben, wo Sie sich oft und regelmäßig niederlassen - vielleicht ein Felsblock, eine hübsche Ecke im Garten oder eine bequeme Parkbank. Während Sie dasitzen, öffnen Sie Ihre Sinne: Schauen, hören, fühlen, riechen und schmecken Sie, was immer sich Ihnen darbietet. Voller Eindrücke kehren Sie anschließend wieder in Ihren Alltag zurück.

Ein Ort, den Sie tagein, tagaus aufsuchen, um sich dem Wandel der Jahreszeiten hinzugeben, schenkt Ihnen die Möglichkeit, sich zu erden, zur Ruhe zu kommen und neue Kraft zu tanken.

So finden Sie Ihren Platz

Ein perfekter Kraftort sollte folgende Eigenschaften haben:

1. Er liegt in der Nähe Ihres Arbeitsplatzes oder Ihres Zuhauses und ist von dort aus in zwei Minuten zu erreichen. Das erhöht die Wahrscheinlichkeit, dass Sie ihn regelmäßig aufsuchen.

2. Er ist von Natur umgeben, muss aber nicht in der Natur liegen. Wenn Sie in der Stadt wohnen, richten Sie sich einen solchen Platz auf Ihrem Balkon ein oder gehen in einen Park in der Nähe.

3. Sie sind dort allein und ungestört. Um die Natur in sich aufnehmen zu können, muss man die Sinne öffnen und die Gedanken loslassen können.

4. Er ist sicher, sodass Sie sich entspannen und Ihre Aufmerksamkeit von sich weglenken können. Das ist schwierig, wenn Sie sich unsicher fühlen. Wählen Sie deshalb einen Ort, an dem Sie sich wirklich wohlfühlen.

5. Er hat es Ihnen angetan. Den perfekten Sitzplatz gibt es nicht, es geht einfach darum, dass Sie einen oder mehrere Orte finden, die Sie inspirieren oder an denen Sie sich entspannen können. Wenn Ihnen danach ist, suchen Sie einfach einen anderen Lieblingsort auf.

Tipps fürs Sitzen

Wenn Sie sich niedergelassen haben, schließen Sie die Augen, und atmen Sie tief ein und aus. Dann öffnen Sie die Augen wieder und schauen sich um. Was sehen Sie? Was hat sich verändert, seitdem Sie das letzte Mal hier waren? Was ist noch genauso wie vorher? Konzentrieren Sie sich auf die Klänge ringsumher. Hören Sie Vogelgezwitscher? Was sonst noch? Was spüren Sie auf Ihrer Haut, welche Gerüche trägt der Wind zu Ihnen? Was schmecken Sie auf Ihrer Zunge?

Versuchen Sie es so einzurichten, dass Sie Ihren Lieblingsplatz jeden Tag zur gleichen Zeit aufsuchen. Dann wählen Sie eine andere Tageszeit. Was bleibt gleich? Was ändert sich? Wie fühlt sich der Platz zu unterschiedlichen Tageszeiten an?

Tagebuch führen

Manche Menschen halten gerne, schreibend oder zeichnend, fest, was sie an ihrem Platz erspüren. Sollten Sie zu diesen Menschen gehören, richten Sie Ihre Aufmerksamkeit erst auf die Natur und dann auf das Papier vor Ihnen. Denken Sie beim Schreiben oder Zeichnen nicht allzu viel nach, lassen Sie Ihren Geist frei schwingen und sich von der Natur überraschen.

Pflanzen aus Stecklingen ziehen

Pflanzen durch Stecklinge zu vermehren ist nichts anderes als Klonen: Sie entfernen einen kleinen, lebensfähigen Teil eines Gewächses und pflanzen ihn woanders wieder ein. Egal ob Staude oder blühendes Gehölz - die Tochterpflanzen weisen dieselben Eigenschaften auf wie die Mutterpflanze.

DAS BRAUCHEN SIE: GARTENSCHERE / BEWURZELUNGSPULVER ODER HONIG (OPTIONAL) / TÖPFE / GUTE GARTENERDE, BLUMENERDE ODER VERMEHRUNGSSUBSTRAT / GIESSKANNE / FLÜSSIGDÜNGER

Pflanzen lassen sich mithilfe von Samen, Stecklingen (z.B. Wurzelstecklingen) oder Zwiebeln vermehren. Stecklinge erhalten Sie, indem Sie Teile der Pflanze abschneiden - etwa einen Seitentrieb, eine Wurzel oder ein Blatt - und in feuchtes Substrat setzen. Wenn Sie Glück haben, bilden die Stecklinge neue Wurzeln und Triebe aus und entwickeln sich zu gesunden Pflanzen.

Stecklinge können das ganze Jahr über geschnitten werden. Idealerweise nimmt man sie von diesjährigen Trieben, die sich problemlos um 60 bis 90 Grad biegen lassen. Mit hartem, verholztem sowie sehr weichem Pflanzenmaterial hat man oft weniger Glück. Wenn es nicht anders geht, sollten Sie es aber dennoch versuchen. Es werden ohnehin nicht alle Stecklinge angehen - lassen Sie sich also von Fehlschlägen nicht entmutigen.

So geht's

1. Mit einer sauberen, scharfen Gartenschere 10 bis 15 cm lange Triebe von der ausgewählten Pflanze abschneiden. Nehmen Sie Stecklinge immer von den gesündesten und kräftigsten Pflanzen.

2. Die unteren Blätter vorsichtig entfernen, sodass an der Triebspitze nur vier bis sechs Blätter stehenbleiben. So fließt die Energie direkt in die Wurzelbildung.

3. Die Stecklinge in Bewurzelungspulver tauchen, um die Wurzelbildung anzuregen. Manche Gärtner verwenden auch Honig, der die Stecklinge darüber hinaus vor Bakterien- und Pilzbefall schützen soll.

4. Die Stecklinge in Töpfe mit Vermehrungssubstrat oder guter Gartenerde setzen und die Erde rundum vorsichtig andrücken. Sie können auch mehrere Stecklinge in einen Topf pflanzen.

5. Die Stecklinge gut wässern, an einen vor praller Sonne geschützten Ort stellen und etwa alle zwei Wochen mit Flüssigdünger düngen. In einem warmen Gewächshaus bilden sich besonders schnell Wurzeln aus.

6. Auf Pflanzschildchen das Datum der Pflanzung notieren. Es kann vier bis acht Wochen dauern, bis die Stecklinge Wurzeln bilden. Ob Ihre Jungpflanzen sich gut entwickeln, erkennen Sie daran, dass sie frische Blätter treiben. Um das Wurzelwachstum zu kontrollieren, können Sie die Erde rund um die Stängelbasis vorsichtig mit einem Stäbchen zur Seite drücken oder ganz sanft an den Setzlingen ziehen. Wenn sie nicht nachgeben, sind sie angewachsen.

7. Die Setzlinge feucht halten und abgestorbene oder kranke Exemplare regelmäßig entfernen.

8. Gut bewurzelte Stecklinge können in einen größeren Topf oder zu gegebener Zeit in den Garten gepflanzt werden.

Blütenzweige für drinnen

Holen Sie sich ein paar Zweige mit ersten Knospen aus Ihrem Garten, und überlisten Sie die Natur: Mit ein paar Tricks können Sie Gewächse aus Ihrem Garten frühzeitig zum Blühen bringen und sich an der vorfrühlingshaften Blütenpracht im Haus erfreuen.

DAS BRAUCHEN SIE: ZWEIGE / GARTENSCHERE, KLEINE HANDSÄGE ODER SCHARFE SCHERE / HAMMER / WASSER / EIMER ODER VASE / SPRÜHFLASCHE MIT WASSER

„Vortreiben" nennen Gärtner es, wenn sie Zweige, Zwiebelpflanzen oder Stauden zu einem verfrühten Austrieb anregen.

Folgende Gehölze eignen sich gut für die vorzeitige Blütenpracht in der Vase:

- Birke
- Buche
- Flieder
- Forsythie
- Geißblatt
- Holzapfel
- Japanische Kornelkirsche
- Judasbaum
- Kastanie
- Kirsche
- Magnolie
- Mandelbaum
- Quitte
- Rhododendron
- Roter Ahorn
- Spierstrauch
- Weidenkätzchen
- Wisterie
- Wohlriechender Fieberbaum
- Zaubernuss

Zweige auswählen und schneiden

Viele Gartenpflanzen können frühzeitig im Haus zum Blühen gebracht werden. Wählen Sie zum Schneiden einen milden, frostfreien Tag, damit die Zweige beim Umzug in die wärmere Umgebung keinen Temperaturschock erleiden.

Zweige mittlerer Größe mit vielen Knospen sind ideal (Blütenknospen sind rund und dick, Blattknospen eher klein und spitz). Wenn die Knospen bereits aufzuspringen beginnen, umso besser.

Schneiden Sie die Zweige schräg an, und klopfen Sie die Enden mit einem Hammer platt, um die Wasseraufnahme zu verbessern. Zweige, deren Durchmesser mehr als 2 cm beträgt, spalten Sie mit einer Gartenschere oder einer scharfen Schere an der Basis zusätzlich etwa 4 cm hoch mit einem vertikalen Schnitt.

Zweige vorbereiten

Frisch geschnittene Zweige ein paar Stunden in warmes Wasser und anschließend in einer Vase oder einem Eimer kaltem Wasser an einen kühlen Ort stellen, etwa auf eine geschützte Veranda oder in die Garage. Die Umgebungstemperatur sollte zwischen 7 und 12°C betragen. Direktes Sonnenlicht oder eine direkte Wärmequelle meiden, damit die Zweige nicht austrocknen und die Blüten später nicht verblassen oder vorschnell welken.

Die Knospen häufig mit Wasser besprühen und das Vasenwasser alle paar Tage wechseln. Die Knospen öffnen sich normalerweise innerhalb weniger Wochen. Sobald die Blüte einsetzt, können Sie die Zweige ins Haus holen und ins Warme stellen.

Wenn Sie regelmäßig ein paar Zweige schneiden, haben Sie immer eine Blütenpracht im Haus, die für gute Laune sorgt.

Samenbomben

Samenbomben herzustellen, irgendwohin zu werfen, zu verstecken, zu vergraben, auf verwaisten Grundstücken oder vermüllten Grünstreifen abzulegen macht Spaß. Dafür lohnt es, sich die Hände schmutzig zu machen und unsere Welt ein bisschen zu verschönern.

DAS BRAUCHEN SIE: TON / EINHEIMISCHES SAATGUT / KOMPOST- ODER BLUMENERDE / WASSER

Samenbomben sind eine Erfindung der Guerilla-Gardening-Bewegung: Seit den 1970er-Jahren bemühen sich Stadtbewohner mit grünem Daumen weltweit, vernachlässigte Orte zu verschönern.

Die Kugeln bestehen aus Ton, Wasser, Kompost- oder Blumenerde (oder Regenwurmkompost), den Samen einheimischer Pflanzen und sind an einem Nachmittag angefertigt. Wo Sie Ton finden und wie Sie ihn ausgraben, erfahren Sie auf Seite 175.

Am besten verwenden Sie Samen einheimischer Blumen und Grünpflanzen, denn sie wachsen gut und brauchen wenig Pflege. Zudem verdrängen sie keine anderen Arten, wirken sich nicht störend auf Vögel- oder Insektenpopulationen aus und richten auch sonst keine Umweltschäden an.

So geht's

1. Den Ton, die Samen (je nach Wunsch eine Saatgutmischung oder nur eine Sorte) und die Komposterde auf einer unempfindlichen, strapazierfähigen Unterlage ausbreiten.

2. Größere Portionen aus jeweils fünf Teilen Ton, einem Teil Komposterde (oder Blumenerde) und einem Teil Samen zusammenstellen.

3. Den Ton mit der Komposterde vermengen. Trockener Ton ist recht hart, wird aber durch die Wärme Ihrer Hände geschmeidiger. Bei Bedarf geben Sie vorsichtig ein, zwei Tropfen Wasser dazu, aber auf keinen Fall zu viel. Die Mischung sollte formbar, jedoch nicht labberig sein. Alles gut miteinander verkneten, bis der Klumpen eine grobkörnige, teigähnliche Konsistenz hat.

4. Die Samen dazugeben und nach und nach unterkneten.

5. Den Klumpen in pfirsichgroße Portionen teilen und diese zu Kugeln rollen.

6. Sie können Ihre Samenbomben einpflanzen, solange sie noch feucht sind, oder trocknen lassen und später irgendwohin werfen oder vergraben. Sobald sie gewässert werden – entweder von Ihnen oder vom Regen –, quillt der Ton, und die Samen keimen.

Innerhalb weniger Wochen werden sich Ihre selbst gemachten Samenbomben in ein Blütenmeer verwandelt haben, an dessen Anblick sich die Allgemeinheit erfreuen kann.

Auf einen Baum klettern

„Kurz: Alle guten Dinge sind wild und frei.“

HENRY DAVID THOREAU, *WALKING/VOM WANDERN/VOM GLÜCK, DURCH DIE NATUR ZU GEHEN*

SOMMER

Barfuß gehen

„Übernehmen Sie das Tempo der Natur: Geduld ist ihr Geheimnis."

RALPH WALDO EMERSON

Eine Schaukel bauen

Schaukeln lässt Kinder- wie Erwachsenenherzen höherschlagen. Kennen Sie einen schönen Baum, ein nettes Plätzchen oder einen Aussichtspunkt, an dem sich eine Schaukel anbringen ließe? Nur zu! Man ist nie zu alt, um sich in die Lüfte zu schwingen und sich den Wind um die Nase wehen zu lassen.

DAS BRAUCHEN SIE: HOLZ / GEDREHTES KUNSTSTOFFSEIL / HANDSÄGE / SCHMIRGELPAPIER / BOHRMASCHINE

Eine Schaukel muss stabil und sicher sein. Wenn sie stabil gemacht ist, überdauert sie mehrere Generationen. Nehmen Sie sich also genügend Zeit für dieses Projekt.

Geeignete Materialien

Nehmen Sie für die Sitzfläche ein stabiles, strapazierfähiges, mindestens 2,5 cm dickes Holzbrett – es sollte jedoch keinesfalls Kiefernholz sein. Auch altes, splitterndes Holz mit Spalten oder nasses Holz ist wegen Bruchgefahr tabu.

Zum Befestigen einer Schaukel eignet sich ein Kunststoffseil am besten: Es ist griffig, reißfest und hält eine halbe Ewigkeit.

Der richtige Ort

Bringen Sie die Schaukel an einem dicken, lebenden Ast an, der parallel zum Boden verläuft.

Die Schaukel bauen

Sägen Sie das Holzbrett auf 45 x 25 cm zu (oder lassen Sie das im Baumarkt erledigen). Sämtliche Flächen sehr sorgfältig mit Schmirgelpapier abschleifen, damit Sie sich später nicht durch Splitter verletzen.

Bohren Sie in jede Ecke des Bretts ein Loch. Der Durchmesser jedes Lochs muss etwas größer sein als der Seildurchmesser. Der Abstand zum Brettrand sollte jeweils circa 2,5 cm betragen und die Bohrung möglichst gleichmäßig sein.

Schneiden Sie zwei Seile jeweils auf die doppelte Länge der geplanten Schaukelhöhe plus 3,5 m zu. Wenn Sie wegen der Höhe noch unsicher sind, lassen Sie die Seile voerst etwas länger – kürzen geht auch später noch.

Die Schaukel aufhängen

Lassen Sie sich beim Aufhängen am besten von einem Freund oder einer Freundin helfen.

Legen Sie die beiden Enden eines Seilstücks zusammen, und steigen Sie mit dem Seil die Leiter hoch bis zu dem Ast, an dem die Schaukel angebracht werden soll.

Legen Sie das zur Schlaufe gelegte Seilende über den Ast, und ziehen Sie die beiden losen Enden durch die Schlaufe. Gut festziehen, um die Schlaufe am Ast zu fixieren. Das zweite Seil daneben auf die gleiche Weise anbringen. Der Abstand der beiden Seile soll dem Abstand der Bohrlöcher in der Sitzfläche entsprechen.

Fädeln Sie die Seilenden durch die Bohrlöcher, und markieren Sie die gewünschte Höhe des Schaukelbretts. Ihre Füße sollten beim Schaukeln knapp über dem Boden schweben.

Fixieren Sie die Seile mit Achterknoten (siehe Seite 209) unter der Sitzfläche. Und jetzt schwingen Sie sich in die Lüfte!

Himmelskunde

ZIRROKUMULUS / HOHE WOLKE

WEISSE SCHÄFCHENWOLKEN, OFT IN SCHÖNEN MUSTERN ANGEORDNET. IN DEN MEISTEN KLIMAZONEN SCHÖNWETTERBOTEN, IN DEN TROPEN MANCHMAL VORZEICHEN FÜR EINEN STURM ODER HURRIKAN.

ALTOKUMULUS / MITTELHOHE WOLKE

FLOCKIGE, GRAUWEISSE SCHÄFCHENWOLKEN MIT STARKEN KONTRASTEN ZWISCHEN HELL UND DUNKEL. STEHEN MORGENS ALTOKUMULI AM HIMMEL, IST AM NACHMITTAG MIT REGEN ZU RECHNEN.

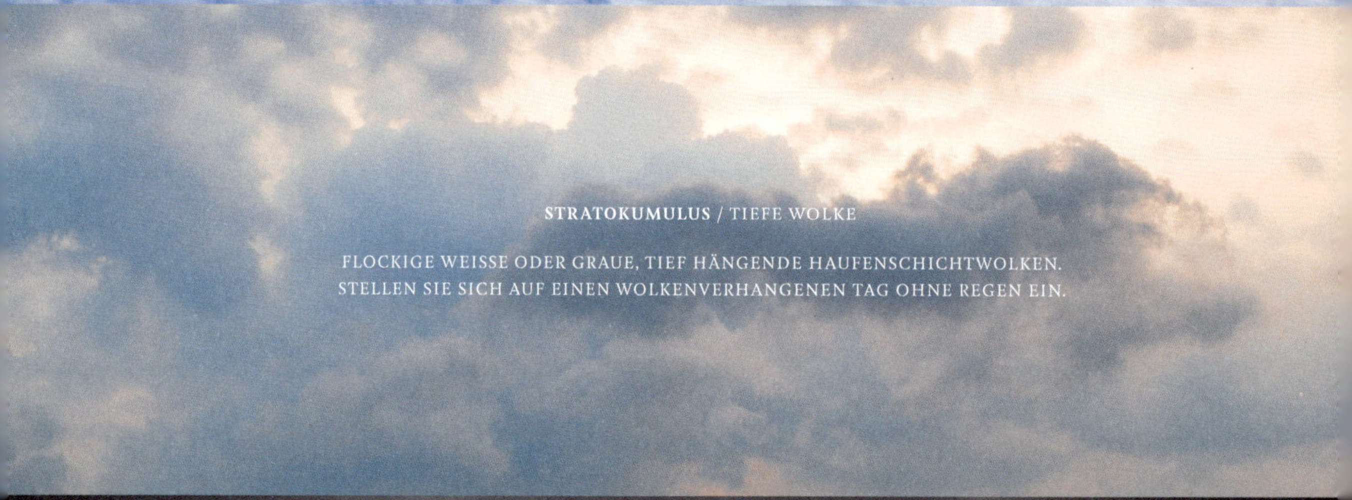

STRATOKUMULUS / TIEFE WOLKE

FLOCKIGE WEISSE ODER GRAUE, TIEF HÄNGENDE HAUFENSCHICHTWOLKEN. STELLEN SIE SICH AUF EINEN WOLKENVERHANGENEN TAG OHNE REGEN EIN.

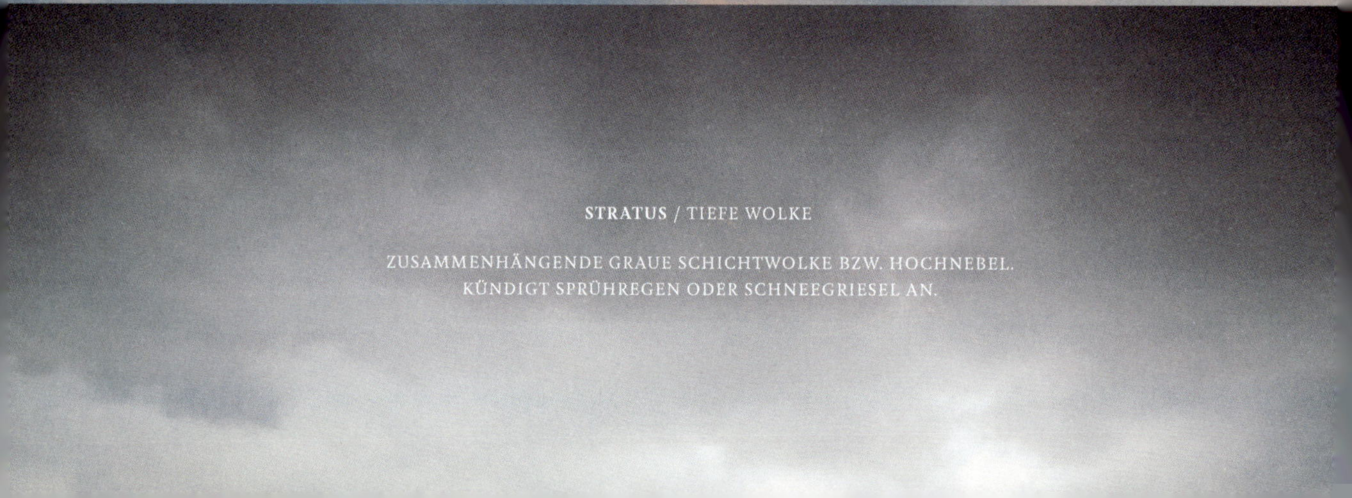

STRATUS / TIEFE WOLKE

ZUSAMMENHÄNGENDE GRAUE SCHICHTWOLKE BZW. HOCHNEBEL. KÜNDIGT SPRÜHREGEN ODER SCHNEEGRIESEL AN.

Die Wolken deuten

Früher schauten die Menschen in den Himmel und betrachteten die Wolkenformationen, um das Wetter vorherzusagen, zu verstehen und sich darauf einzustellen. Lernen auch Sie, die Wolken zu deuten, und werden Sie zum Wetterpropheten.

Wetterregeln

Das alte Sprichwort „Abendrot - Gutwetterbot; Morgenrot - schlecht Wetter droht" kennt wahrscheinlich jeder.

Dieser hübsche Reim ist nur ein Beispiel für die vielen Wetterregeln, über Jahrhunderte überlieferte Redensarten, Reime und Sprichwörter, die unsere Vorfahren als Eselsbrücken benutzten, um das Geschehen am Himmel zu deuten und sich auf Wetterveränderungen vorzubereiten.

Wetterregeln enthalten oft Begriffe und Symbole aus Landwirtschaft und Seefahrt, denn vielfach wurden sie von Bauern, Hirten und Seefahrern geprägt, deren Auskommen davon abhing, dass sie das Wetter genau vorhersagen konnten.

Hier ein paar bekannte Wetterregeln zur Einstimmung.

Abendrot, Gutwetterbot.

In vielen Ländern, so auch in den Staaten Westeuropas, ziehen Frontensysteme von West nach Ost, und die Sonne geht im Westen unter. Nur bei klarem Himmel im Westen lässt die untergehende Sonne die Atmosphäre rot erstrahlen. Die Wahrscheinlichkeit, dass das Wetter am nächsten Tag schön wird, ist hoch.

Morgenrot, schlecht Wetter droht.

Hier ist es genau umgekehrt: Der Himmel im Osten ist noch klar, während von Westen bereits ein Tiefdrucksystem mit Regen und Wind aufzieht.

Hat der Berg ein' Hut, wird das Wetter gut.

Ein Phänomen, das vor allem im Hochgebirge zu beobachten ist: Der Berggipfel hüllt sich bei ansonsten klarem Himmel in Wolken. Die Wolken entstehen, wenn die Bergflanken stundenlang von der Sonne beschienen werden und der Aufwind aufgeheizt wird. Trifft die warme Luft in der Gipfelregion auf kühlere Luftschichten, kondensiert der Wasserdampf in der warmen Luft, und es entsteht eine Wolke.

Gibt Ring oder Hof sich Sonn' und Mond, bald Regen und Wind uns nicht verschont.

Bildet sich um Sonne oder Mond ein Lichtkranz oder Halo, ist mit dem Herannahen einer Warmfront und folglich mit schlechtem Wetter zu rechnen. Der Kranz entsteht durch Eiskristalle, die sich vor das Gestirn schieben und eine Spiegelung verursachen.

Siehst du die Schwalben niedrig fliegen, wirst du Regenwetter kriegen. Fliegen die Schwalben in den Höh'n, kommt ein Wetter, das ist schön!

Schwalben fangen Insekten im Flug. Diese wiederum werden bei sonnigem Wetter von steigenden Luftmassen erfasst und fliegen höher als beim Aufzug eines Tiefdruckgebiets.

Wolken beschreiben und deuten

Wolken lassen sich nach ihrer Form und der Höhe, in der sie auftreten, zuordnen und interpretieren.

Wolkenformen

Es gibt vier grundlegende Wolkenformen:

• Zirruswolken sind dünn und fedrig. Der Name leitet sich vom lateinischen „cirrus" – „Haarlocke", „Franse", „Federbüschel" – ab.

• Kumuluswolken sind aufgelockert und scheinen eine auf der anderen zu sitzen. Der Name leitet sich vom lateinischen „cumulus" – „Haufen" ab.

• Nimbuswolken sind düstere Regenwolken. Sie sind nach lateinisch „nimbus" – „Regen" – benannt.

• Stratuswolken legen sich wie ein Laken über die Erde. Manchmal bilden sie Schwaden. Der Name leitet sich vom lateinischen „stratus" – „liegend, ausgestreckt" – ab.

Alle anderen Wolkenarten sind entweder Kombinationen der vier Grundtypen (z.B. Zirrostratus, Zirrokumulus, Stratokumulus, Nimbostratus und Kumulonimbus) oder werden mit der Vorsilbe „alto" versehen. „Alto" ist vom lateinischen „altus" – „hoch, erhaben" – abgeleitet. Das ist etwas irreführend, denn Altostratus und Altokumulus treten eher in mittlerer Höhe auf.

Hohe Wolken – Zirrus, Zirrostratus, Zirrokumulus

Hohe Wolken bilden sich mehr als 6000 m über der Erde. Man sieht sie von Berggipfeln oder vom Flugzeug aus. Da sie aus Eiskristallen und nicht aus Wassertröpfchen bestehen, besteht keine Regengefahr. In der Regel verdecken sie die Sonne nicht.

Zirrus- und Zirrokumuluswolken sind hübsche Schönwetterwolken, die allerdings auf einen bevorstehenden Wetterwechsel hindeuten können. Achten Sie darauf, wohin sie ziehen und in welche Richtung die „Federbüschel" zeigen. Daran können Sie ablesen, aus welcher Richtung sich die Wetterfront nähert.

Zirrostratuswolken verschleiern oft den ganzen Himmel und weisen definitiv auf einen bevorstehenden Wetterwechsel hin.

Mittelhohe Wolken – Altostratus und Altokumulus

Mittelhohe Wolken erstrecken sich in einer Höhe von 2000 bis 6000 m über der Erde. Zu ihnen gehören mittelhohe Stratus- und sich vertikal auftürmende Kumuluswolken. Sie bestehen aus Wasser und, wenn es kalt genug ist, auch aus Eis. Beide können die Sonne verdecken und kündigen Regen an.

Altokumuli bilden oft fantastische Formationen. Wenn sie morgens den Himmel überziehen, sollten Sie sich darauf einstellen, dass es am Nachmittag regnet. Altostrati bilden eine gleichförmige, durchscheinende Decke und weisen auf stürmisches Wetter in naher Zukunft hin.

Tiefe Wolken – Nimbus, Stratus, Stratokumulus und Nimbostratus

Tiefe Wolken treten in einer Höhe von bis zu 2000 m auf. In der Regel verdecken sie die Sonne vollständig.

Stratuswolken kündigen Nebel, Sprühregen oder leichten Schneefall an – im Gegensatz zu Stratokumuli, die keine Niederschläge bringen. Ziehen tief hängende, dunkelgraue Nimbostrati auf – klassische Schlechtwetterwolken –, ist mit länger anhaltendem Regen zu rechnen.

Wolken mit großer vertikaler Ausdehnung – Kumulus und Kumulonimbus

Kumuli und Kumulonimbus haben eine niedrige Basis und können sich zu dramatischen Wolkengebilden auftürmen. Quellen sie nicht auf, bleibt das Wetter freundlich; wachsen sie in die Höhe, ist mit Regen, Gewitter, Hagel oder gar Tornados zu rechnen.

Die Wettervorhersage

Wenn Sie sich in der Kunst des Wolkenlesens üben möchten, beginnen Sie damit am besten am Ende einer Schönwetterphase, denn schlechtes Wetter lässt sich am einfachsten vorhersagen.

Beobachten Sie, wohin die Wolken ziehen oder zeigen; so können Sie sehen, aus welcher Richtung das Frontsystem sich nähert.

Die Beobachtungen und Vorhersagen in einem Wettertagebuch festzuhalten ist eine prima Übung.

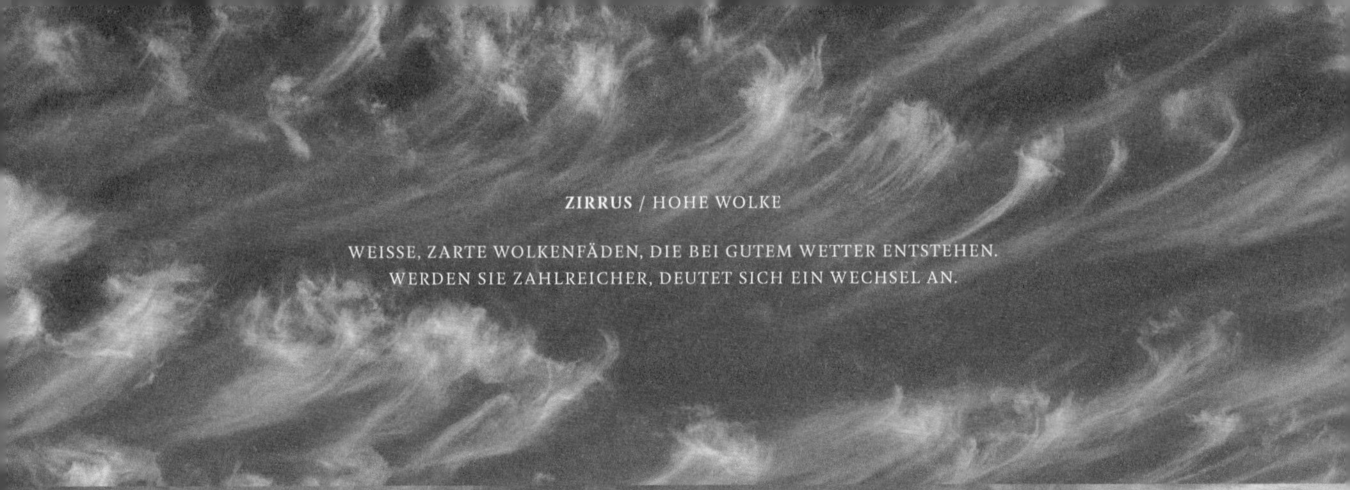

ZIRRUS / HOHE WOLKE

WEISSE, ZARTE WOLKENFÄDEN, DIE BEI GUTEM WETTER ENTSTEHEN. WERDEN SIE ZAHLREICHER, DEUTET SICH EIN WECHSEL AN.

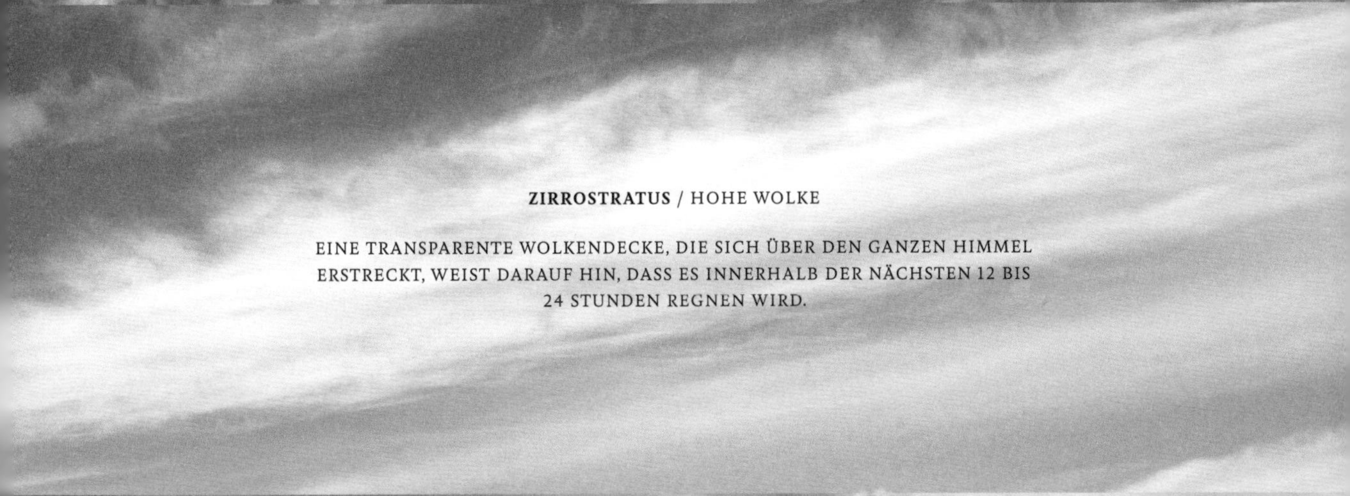

ZIRROSTRATUS / HOHE WOLKE

EINE TRANSPARENTE WOLKENDECKE, DIE SICH ÜBER DEN GANZEN HIMMEL ERSTRECKT, WEIST DARAUF HIN, DASS ES INNERHALB DER NÄCHSTEN 12 BIS 24 STUNDEN REGNEN WIRD.

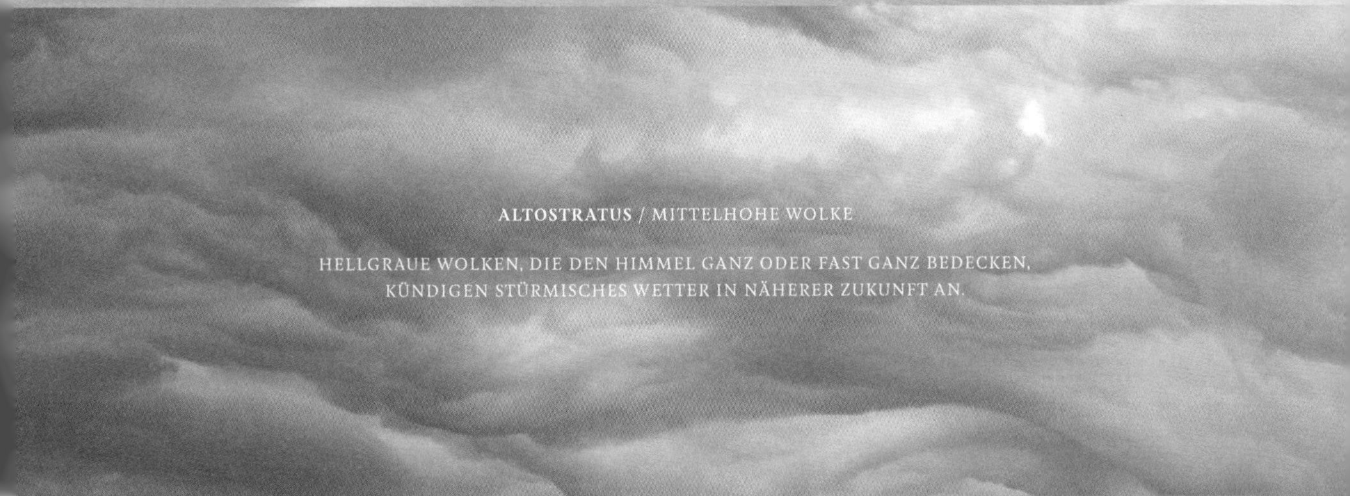

ALTOSTRATUS / MITTELHOHE WOLKE

HELLGRAUE WOLKEN, DIE DEN HIMMEL GANZ ODER FAST GANZ BEDECKEN, KÜNDIGEN STÜRMISCHES WETTER IN NÄHERER ZUKUNFT AN.

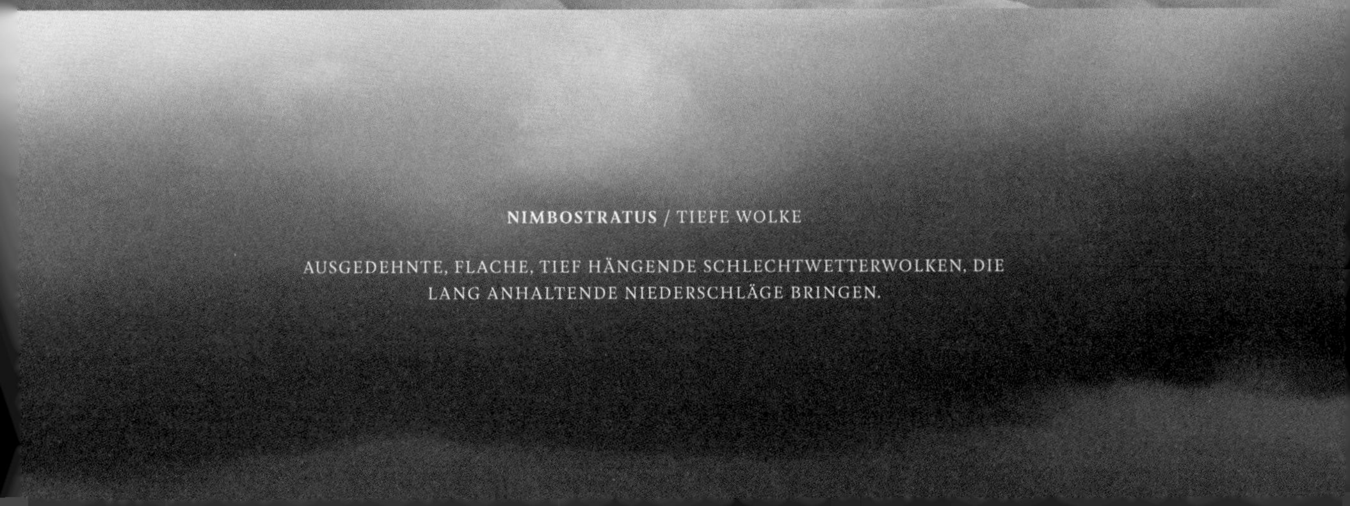

NIMBOSTRATUS / TIEFE WOLKE

AUSGEDEHNTE, FLACHE, TIEF HÄNGENDE SCHLECHTWETTERWOLKEN, DIE LANG ANHALTENDE NIEDERSCHLÄGE BRINGEN.

Permakultur

Permakultur umfasst die bewusste, nachhaltige Gestaltung von Landschaften und Lebensräumen. Sie wird - auf Basis natürlicher Strukturen und Wechselwirkungen - auf Landwirtschaft, Architektur und Stadtplanung angewendet. Im Fokus stehen der Schutz unserer Erde, Mitmenschlichkeit und das Teilen von Überschüssen.

Der Begriff „Permakultur" wurde von den Australiern Bill Mollison und David Holmgren Mitte der 1970er-Jahre geprägt. Das Konzept basiert auf Strukturen und Beziehungen, wie sie in der Natur vorkommen, dem Wissen traditioneller Gesellschaften und der Vision einer nachhaltigen Landwirtschaft und Kultur.

Die Permakultur bildet einen Rahmen für eine ganzheitliche, nachhaltige Lebensführung im Einklang mit der Natur. Dies lässt sich, wie unten beschrieben, in vielen kleinen Schritten erreichen. Fachkenntnisse brauchen Sie dafür nicht - Offenheit, Neugier und die Bereitschaft, die Dinge selbst in die Hand zu nehmen, genügen.

Schutz des Planeten

Gartenarbeit ist praktizierter Umweltschutz. Sie können beispielsweise einen Biogarten anlegen, eine Reihe von Nutzpflanzen ziehen und vielerlei andere einheimische Pflanzen kultivieren, die Tieren wie Vögeln und Insekten einen Lebensraum bieten. Setzen Sie die natürlichen Ressourcen, die Ihnen zur Verfügung stehen, ökonomisch ein, indem Sie Gartenabfälle kompostieren, Regenwasser auffangen, Saatgut einsammeln oder Holz schlagen. Ein kleiner Garten bietet vielleicht Platz für eine Kräuterspirale oder eine Wurmfarm. Wenn Sie keinen Garten haben, können Sie sich in einem örtlichen Gemeinschaftsgarten oder einem Urban-Gardening-Projekt engagieren. Vielleicht kennen Sie ein geeignetes Stück Land und möchten solch ein Projekt initiieren, dann setzen Sie sich gleich mit Ihrer Gemeindeverwaltung in Verbindung! Nehmen Sie das Fahrrad, oder benutzen Sie öffentliche Verkehrsmittel, statt sich ins Auto zu setzen, oder treten Sie einem Car-Sharing-Verein bei.

Das menschliche Miteinander

Sorgen Sie für sich selbst und Ihre Familie, pflegen Sie Ihre Beziehungen, und handeln Sie im Sinne der Weltgemeinschaft. Nutzen Sie die Ihnen zur Verfügung stehenden Ressourcen vernünftig, indem Sie sicherstellen, dass genug für alle da ist. Bauen Sie Netzwerke auf, werden Sie gemeinsam aktiv - Einzelkämpfer stehen auf verlorenem Posten und haben außerdem weniger Spaß. Nehmen Sie sich Zeit, in die Natur zu gehen und sich zu erholen. Wenn Sie sich auf den Rhythmus der Jahreszeiten einstimmen, werden Sie Ihre inneren Rhythmen aufmerksamer wahrnehmen und spüren, ob beide miteinander im Einklang stehen.

Den Überfluss teilen

Wenn Sie etwas übrig haben, verschenken Sie es: Obst und Gemüse, das Sie nicht verwerten können, Zeit, Werkzeuge, Wissen, Talente und Fähigkeiten. Was immer Sie einbringen, kann zur Gestaltung gesunder Nutzgärten und nachhaltiger Häuser und guter Nachbarschaften beitragen. Tauschen lautet das Motto, egal ob Sie Gärtner, Musikerin, Anwältin, Bäcker oder was auch immer sind.

Gärtnern im Sinne der Permakultur

Die Prinzipien der Permakultur können bei der Gestaltung von Heim und Garten eine möglichst intelligente Nutzung von Energie und Ressourcen unterstützen. Überlegen Sie, was für Sie zu einem nachhaltigen Lebensraum dazugehört, und benutzen Sie Ihren gesunden Menschenverstand, um festzulegen, wo was am besten untergebracht wird.

Mit den Jahreszeiten wirtschaften

Nehmen Sie sich Zeit, um das Zusammenspiel der unterschiedlichen Akteure in Ihrem Garten zu beobachten. Je besser Sie seine Rhythmen und sein Ökosystem verstehen, umso höhere Erträge mit umso weniger Arbeit können Sie erzielen. Welche Pflanzen gedeihen wo am besten? Welche Pflanzengesellschaften harmonieren besonders gut miteinander? Welche laubabwerfenden Bäume oder Kletterpflanzen bieten sich als Schattenspender für den Sommer an, lassen im Winter aber genügend Licht durch? Wie „wandert" die Sonne im Laufe der Jahreszeiten, bis wohin reichen ihre Strahlen im Frühling oder im Sommer, wo ist es besonders windig, und welche Stellen sind frost- und schneesicher?

Machen Sie sich einen Plan

Überlegen Sie, was Sie alles in Ihrem Garten unterbringen möchten, und erstellen Sie eine nach Prioriäten geordnete Wunschliste. Welche Gemüsesorten, die in Ihren Breitengraden gut gedeihen, essen Sie besonders gerne? Möchten Sie Hühner (siehe Seite 29) oder Bienen (siehe Seite 33) halten? Haben Sie Platz für ein Regenfass oder einen Komposter (siehe Seite 27)? Welche Bäume, Gehölze und Blumen, ob exotisch oder einheimisch, haben es Ihnen angetan? Ist Ihnen ein Essplatz im Freien wichtig? Ein Spielplatz für die Kinder? Lässt sich das alles auf dem vorhandenen Raum unterbringen? Denken Sie auch darüber nach, wie viel Arbeit Sie dauerhaft investieren können – ein Traumgarten entsteht nicht über Nacht, und die Pflege kostet Zeit.

Erstellen Sie einen Plan, in dem Sie festhalten, wie sich die einzelnen Gestaltungselemente so kombinieren lassen, dass sie optimal ineinandergreifen. Vielleicht können Sie das Regenwasser, das vom Dach Ihres Geräteschuppens abfließt, auffangen und den Schuppen selbst als Rankgerüst für eine Kletterpflanze und im Winter als Unterstand für Zitruspflanzen nutzen. Orte, die Sie häufig aufsuchen, sollten möglichst nahe am Haus geplant werden – Kräuter- und Gemüsebeete und Komposthaufen beispielsweise.

Wenn Sie sich die Gartenplanung in Eigenregie nicht zutrauen, wenden Sie sich an einen Gartenbaubetrieb, der sich auf Permakultur-Gärten spezialisiert hat, oder an einen Gartenarchitekten.

Passen Sie sich an

Selbst bei optimaler Planung wird manches nicht so gedeihen wie erwartet. Möglicherweise haben Sie mit Gurken einfach kein Glück, ernten dafür aber Jahr für Jahr Unmengen von Koriander. Oder Sie stellen fest, dass Sie Pflaumen zwar für Ihr Lieblingsobst hielten, in Wirklichkeit aber kiloweise Birnen verschlingen. Holen Sie sich Rat bei Nachbarn, befreundeten Gärtnern, aus Büchern oder Onlineforen, und scheuen Sie sich nicht vor Veränderungen. Lassen Sie sich treiben, genießen Sie es, herumzuexperimentieren, und schauen Sie einfach, was passiert.

Besuchen Sie einen Kurs

Wer sich mit der Praxis der Permakultur vertraut machen möchte, besucht am besten einen Kurs zu diesem Thema. Es gibt inzwischen zahlreiche Angebote, die sich an die Bewohner sowohl urbaner als auch ländlicher Regionen richten. Eines ist jedenfalls sicher: Die Permakultur verändert Ihr Leben für immer – auf die bestmögliche Weise.

Kräuter ziehen

Kräuter und Gewürze waren einst hochgeschätzte Konsumgüter, mit denen weltweit Handel getrieben wurde. Auch heute ist es noch sehr verlockend, eigene Kräuter auf der Fensterbank oder im Garten zu ziehen - z.B. Thymian, Basilikum und Minze. Ihr Küchengarten wird davon profitieren.

DAS BRAUCHEN SIE: KRÄUTERSAMEN ODER -SETZLINGE IHRER WAHL / HANDSCHAUFEL / GIESSKANNE

Gewürz- oder Küchenkräuter sind Pflanzen, deren Blätter und/oder Blüten frisch oder getrocknet zur Aromatisierung von Speisen verwendet werden. Heilkräuter dienen überwiegend medizinischen Zwecken, ihre ätherischen Öle aber auch der Herstellung von Parfüms und Kosmetika.

Küchenkräuter sind meist entweder mehrjährige ausdauernde oder einjährige Pflanzen. Ausdauernde Pflanzen, wie Lavendel, Liebstöckel, Majoran, Minze, Oregano, Rosmarin, Salbei, Schnittlauch, Thymian, Ysop und Zitronenmelisse, werden mehrere Jahre alt und blühen jedes Jahr aufs Neue. Einjährige, wie Basilikum, Bohnenkraut, Borretsch, Cayennepfeffer, Dill, Kamille, Kerbel, Koriander, Knoblauch, Rauke und Ringelblume, vollenden ihren Wachstumszyklus innerhalb eines Jahres. Einige wenige Kräuter, wie Kümmel und Petersilie, sind zweijährig: Sie blühen und fruchten erst im zweiten Jahr nach der Aussaat und sterben dann ab.

So geht's

Es ist kinderleicht, Kräuter aus Saatgut oder Setzlingen vom Markt, einer Freundin oder aus der Gärtnerei zu ziehen.

1. Wählen Sie einen geeigneten Platz im Garten. Mediterrane Kräuter, wie Majoran, Oregano, Salbei und Thymian, brauchen nur wenig Wasser und gedeihen in voller Sonne am besten, während Koriander und Petersilie halbschattig stehen und stets feucht gehalten werden wollen. Dies fördert das Wachstum weicher, zarter Blätter. Koriander neigt in praller Sonne zum Schießen und ist in unseren Breiten nicht winterhart. Basilikum hingegen ist ein Sonnenkind, braucht aber regelmäßig Wasser. Kräuter sät man in der Regel im Frühjahr aus.

2. Die meisten Kräutersamen sind recht klein. Sie sollten nur flach mit Erde bedeckt und anschließend vorsichtig gewässert werden. Halten Sie sie vor allem während der Keimphase stets feucht - möglichst, ohne sie beim Gießen zu ertränken.

3. Für Kräutersetzlinge buddeln Sie mit den Händen kleine Löcher in den Boden. Der Wurzelballen der Pflänzchen sollte darin gut Platz haben. Die Kräuter einpflanzen, die Erde vorsichtig andrücken und die Pflänzchen gut angießen.

4. Versorgen Sie Ihre Kräuter im frühen Wachstumsstadium ausreichend mit Wasser - auch die, die später trockeneren Boden bevorzugen.

5. Ernten Sie regelmäßig ganze Triebe, um die Pflanzen zum Neuaustrieb anzuregen. Wenn Ihre ein- oder zweijährigen Kräuter Samen ausbilden, können Sie ein paar Pflanzen stehenlassen, sodass sie sich selbst versamen, oder die ausgereiften Samen auffangen, um sie im nächsten Jahr auszusäen.

6. Ausdauernde Pflanzen neigen mit der Zeit zum Verkrauten und können durch Stecklinge oder Ableger vermehrt und verjüngt werden (siehe Seite 61). Ihr Standort sollte so gewählt werden, dass sie auch Jahre später noch mit der übrigen Bepflanzung harmonieren.

Kräutertees zubereiten

Kräutertees bestehen aus Blättern, Blüten oder Fruchtteilen von Pflanzen, die mit heißem oder kochendem Wasser aufgebrüht werden. Probieren Sie eigene Mischungen aus, genießen Sie Ihren Tee heiß, kalt oder lauwarm, und lassen Sie sich die Kräuteraromen in die Nase steigen.

DAS BRAUCHEN SIE: KRÄUTER IHRER WAHL / WASSERKESSEL UND WASSER / TEEKANNE UND -TASSEN / HONIG UND ZITRONE ZUM SÜSSEN BZW. AROMATISIEREN

Anders als Schwarz- oder Grüntee enthalten Kräutertees kein Koffein. Sie werden auf der ganzen Welt gern getrunken. In Marokko trinkt man Tees aus frischen Minzeblättern und mit sehr viel Zucker. In der Türkei schwört man auf süßen, erfrischenden Apfeltee. In Ägypten ist Tee das Nationalgetränk, Hibiskusblüten finden sich dort in jedem Küchenschrank.

Kräutertees und ihre Eigenschaften

Teekräuter werden wegen ihres Geschmacks oder ihrer medizinischen Eigenschaften angebaut. In den meisten Fällen verwendet man für die Teezubereitung nur die Blätter, manchmal jedoch, wie z.B. bei Zitronengras, auch die Blüten, Wurzeln und Stängel. Die im Folgenden aufgelisteten Pflanzen helfen bei allerlei Beschwerden - und der aus ihnen zubereitete Tee schmeckt noch dazu köstlich.

Apfelminze (Blätter) unterstützt die Verdauung und entspannt den Magen.

Ringelblumen (Blüten) fördern die Wundheilung, wirken entzündungshemmend und blutreinigend.

Kamille (Blüten) wirkt beruhigend und entspannend auf das Verdauungs- und Nervensystem.

Zitronengras (Blätter) entspannt den Magen und die Darmmuskulatur.

Süßholz (Wurzeln) wirkt entzündungshemmend, stärkt das Immunsystem und beruhigt den Magen.

Brennnessel (Blätter) hilft bei Arthritis, ist harntreibend und lindert Anämie und Müdigkeit.

Pfefferminze (Blätter) unterstützt die Verdauung, wirkt fiebersenkend und hilft bei Erkältungen.

Rosmarin (Nadeln) verbessert Konzentrationsfähigkeit und Erinnerungsvermögen, lindert Stress, stärkt die Leberfunktion und beugt Herz-Kreislauf-Erkrankungen vor.

Salbei (Blätter) lindert Hitzewallungen in der Menopause, verbessert das Gedächtnis und hilft bei Halsentzündungen und Rachenproblemen.

Schafgarbe (Blätter) unterstützt die Wundheilung, lindert Husten und Erkältungssymptome und hilft bei Magenverstimmungen.

So geht's

Eine Handvoll Kräuter mit kaltem Wasser abspülen, die abgetropften Kräuter in eine Kanne geben und mit kochendem Wasser überbrühen. Lassen Sie den Tee drei bis fünf Minuten ziehen. Die Kräuter anschließend entfernen oder, für einen stärkeren Aufguss, in der Kanne lassen. Mit Honig, Zucker und/oder Zitrone abschmecken. Wohl bekomm's!

Kräuter trocknen

Teekräuter können frisch oder getrocknet verwendet werden. Wenn Sie Kräuter aus dem eigenen Garten trocknen möchten, sollten Sie sie erst unter fließendem Wasser abspülen und anschließend trocken schütteln. Binden Sie ein paar Stängel zusammen, und hängen Sie sie kopfüber an einem kühlen, trockenen Ort auf. Wenn die Blätter leicht zerbröseln, sind sie richtig trocken. Bewahren Sie sie in Glasbehältern oder Plastikbeuteln auf.

Einen Blumenstrauß binden

Blumen sind mehr als nur hübsch anzusehen - sie sprechen eine geheime Sprache. Schon seit dem 15. Jahrhundert werden Blumensträuße als Kommunikationsmittel eingesetzt. Jede Blüte, jedes Blatt hat eine symbolische Bedeutung. Gibt es eine schönere Art und Weise, seine Gefühle mitzuteilen?

DAS BRAUCHEN SIE: KRÄUTER / BLUMEN / BLÄTTER / SCHERE / FLORISTENBAND / GRUSSKARTE / STIFT

Sag es mit Blumen

Die Blumensprache war bereits im vorrevolutionären Frankreich populär und hatte in Viktorianischer Zeit auch in England und Amerika Bedeutung. Je raffinierter die Zusammenstellung der Buketts, umso subtiler die Botschaft.

Machen auch Sie Freunden und Ihrer Familie mit Blumen Komplimente. Durch sie lassen sich aber nicht nur freundschaftliche Gefühle, Liebe und Freude ausdrücken, sondern auch Misstrauen, Enttäuschung und sogar Zorn.

Beliebte Blumen und ihre Bedeutung

Diese Blumen werden ihrer symbolischen Bedeutung wegen gerne für Blumensträuße verwendet.

Brombeere - Reue

Duftveilchen - Demut, Bescheidenheit

Efeu - Treue

Gänseblümchen - Unschuld, Loyalität

Goldrute - Ermutigung

Gras - Vergänglichkeit des Lebens

Holunderbeere - Sympathie

Krokus - Heiterkeit

Magnolie - Vornehmheit

Maiglöckchen - Wiederkehr des Glücks

Minze - „Sorg dich nicht um Kleinigkeiten“

Nelke - Enttäuschung, Zurückweisung

Orchidee - Liebe, Schönheit, Raffinesse

Palmblätter - Sieg und Erfolg

Rosafarbene Rosenknospe - Anmut und Schönheit

Rosmarin - Erinnerung

Weiße Chrysantheme - Wahrheit

Zitronenverbene - „Du hast mich verhext“

So geht's

Überlegen Sie, welche Botschaft Sie übermitteln wollen, und stellen Sie die passenden Kräuter und Blumen zusammen.

Schneiden Sie alle Stängel auf eine Länge von etwa 10 cm, und entfernen Sie die Blätter an der unteren Hälfte.

Wählen Sie eine besonders schöne Blüte für die Mitte des Gebindes aus, und umgeben Sie sie mit Kräuterzweiglein. Die Stängel mit Schnur zusammenbinden. Abwechselnd Blumen und Kräuter drumherum anordnen. Jede Runde mit Schnur fixieren, bis alle Blüten aufgebraucht sind.

Kürzen Sie am Schluss alle Stängel um 1 bis 2 cm, sodass die Stängel in Ihre Handfläche passen und das Bukett bequem zu halten ist.

Ist der Strauß als Geschenk gedacht, erläutern Sie auf einer kleinen Grußkarte die Bedeutung der Blumen und Kräuter.

Natürliche Duftsprays herstellen

Die Natur lockt mit süßen Düften sowie einladenden oder aufregenden Aromen. Über Jahrhunderte haben sich die Menschen für ihre Duftkreationen inspirieren lassen. Sicher finden Sie in Ihrem Garten wunderbar riechende Pflanzen, aus denen sich Duftsprays für den täglichen Bedarf kreieren lassen.

DAS BRAUCHEN SIE: BLÜTENBLÄTTER / MULLTUCH / SCHÜSSEL / 1 TASSE WASSER / KOCHTOPF / SIEB ODER TRICHTER / KLEINE GLASFLASCHE MIT ZERSTÄUBER

Duftwasser besteht, wie der Name schon sagt, aus Blüten- oder Kräuterextrakten und Wasser. Es ist die ursprünglichste Form des Parfüms und ersetzte im Mittelalter, als die Körperhygiene noch sehr zu wünschen übrig ließ, die Seife. Heute setzt man Duftwasser gerne als Raumspray ein oder sprüht es direkt auf Haut, Kleidung oder Bettwäsche.

Geeignete Blüten

Für die Herstellung von Duftwasser benötigen Sie frische Blütenblätter oder -knospen. Sie werden am besten am späten Vormittag gesammelt, wenn die Blüten sich erwärmt haben und ihren Duft verströmen, aber noch nicht von der Sonne ausgetrocknet oder gar welk sind.

Rosen- und Lavendelblüten gelten wegen ihrer heilenden bzw. beruhigenden Wirkung als Klassiker für die Herstellung von Duftwasser, doch es gibt noch viele andere Pflanzen, die sich als Grundlage für Duftsprays eignen.

Wenn Sie erfrischende Zitrusnoten mögen, versuchen Sie es mit Zitronengras oder Zitronenmyrte. Mit Orangenblüten erhalten Zitrusdüfte eine süße Note; Jasmin verleiht ihnen einen Hauch von Exotik.

Natürlich können Sie durch Herumexperimentieren mit den unterschiedlichsten Blütenkombinationen auch ganz individuelle, unverkennbare Duftsprays komponieren.

So geht's

1. Legen Sie das Mulltuch in die Schüssel. Es sollte rundum etwa 5 cm über den Rand hängen.

2. Die Blütenblätter in das Mulltuch legen und Wasser zugießen, bis das Tuch auf den Boden der Schüssel sinkt und alle Blütenblätter mit Wasser bedeckt sind.

3. Der Aufguss sollte mindestens 24 Stunden ziehen. Dann fassen Sie das Mulltuch an den Rändern, heben es mit sämtlichen Blütenblättern vorsichtig aus dem Wasser und legen es in eine saubere Schüssel.

4. Das Wasser in einen Kochtopf gießen und das Mulltuch mit den Blättern darüber auspressen.

5. Stellen Sie den Kochtopf auf den Herd, und lassen Sie das Duftwasser aufkochen und anschließend bei niedriger Hitze sieden.

6. Je länger das Wasser siedet, desto weniger Duftwasser bleibt zurück – aber umso intensiver wird der Duft. Wenn Sie das Duftwasser als Raum- oder Haushaltsspray verwenden wollen, sollten Sie es nicht zu lange sieden lassen, damit nicht so viel verdunstet. Wenn sie „Parfüm" herstellen wollen, lassen Sie es so lange köcheln, bis nur noch wenige Teelöffel Flüssigkeit übrig sind.

7. Füllen Sie das Duftwasser in eine leere Parfümflasche oder einen Zerstäuber, und stellen Sie es in den Kühlschrank, damit es kühl und frisch bleibt.

Ein Avocadobäumchen großziehen

Unterstützen Sie die Natur bei ihrer Arbeit, indem Sie Pflanzen selbst aussäen und großziehen. Das funktioniert ganz gut mit dem Kern einer Avocado - am besten nehmen Sie gleich mehrere, denn manche wollen einfach nicht keimen. Bei guter Pflege entwickeln sich die Pflanzen zu wahren Prachtexemplaren.

DAS BRAUCHEN SIE: AVOCADOKERN / ZAHNSTOCHER / WASSERGLAS / WASSER

Avocadokerne können in Erde oder in Wasser zum Keimen gebracht werden. Letztere Methode ist besonders populär und reizvoll, da sich die Bildung von Wurzel, Spross und Blättern beobachten lässt.

Den Kern vorbereiten

1. Den Kern aus einer reifen, nicht gekühlten Avocado herauslösen, abspülen und gut abtrocknen.

2. Den Kern an seiner breitesten Stelle mit drei oder vier Zahnstochern in gleichmäßigen Abständen spicken. Ein Glas mit lauwarmem Wasser füllen.

3. Den Kern mit dem spitzen Ende nach oben so auf das Glas setzen, dass der untere Teil etwa 2,5 cm tief im Wasser hängt. Die Zahnstocher dienen als Miniaturgerüst. Möglicherweise müssen sie nachjustiert werden, bis der Kern richtig sitzt.

4. Das Glas an einen warmen Ort, z.B. auf eine sonnige Fensterbank, stellen. In der Sonne wird das Wasser nach und nach verdunsten; Sie müssen also immer wieder nachgießen. Wenn Sie Glück haben, keimt der Kern innerhalb von zwei bis sechs Wochen. Tut sich innerhalb dieser Zeitspanne nichts, starten Sie einen neuen Versuch mit einem anderen Kern.

5. Ist der Spross etwa 15 cm hoch, schneiden Sie ihn um die Hälfte zurück.

Den Kern einpflanzen

1. Sobald der zurückgeschnittene Spross neu austreibt, können Sie die Avocado in einen Topf mit lockerem, sandigem Substrat pflanzen. Die Hälfte des Kerns sollte aus der Erde ragen.

2. Wässern Sie Ihr Bäumchen häufig, aber immer nur leicht, und stellen Sie es an einen sonnigen Ort, um das Wachstum zu fördern.

3. Da Avocadobäumchen gerne in die Höhe schießen, ohne sich weiter zu verzweigen, sollten Sie bei 15 cm langen Stängeln neu gewachsene Triebe mit den Fingern abknipsen. Das regt die Pflanze zu einem buschigeren Wachstum an.

Tomaten: alte Sorten anbauen

Tomaten, die aus dem Saatgut alter Sorten gezogen werden, sind oftmals ungleich in Form, Größe und Farbe, dafür aber unnachahmlich aromatisch und saftig. Wenn Sie alte Sorten anpflanzen, können Sie Ihre eigenen Samen gewinnen und ihn im folgenden Frühjahr wieder aussäen.

DAS BRAUCHEN SIE: TOMATENSETZLINGE ALTER SORTEN / HOLZASCHE (OPTIONAL) / HOLZSTÄBE FÜR RANKENDE SORTEN / HAMMER / MULCHMATERIAL / WEICHEN BINDEDRAHT ODER SCHNUR / GIESSKANNE

Welche Obst- und Gemüsesorten zu den „alten" Sorten zu rechnen sind, ist heiß umstritten. Nach strenger Auslegung dürfen nur Sorten, die schon mindestens 100 Jahre lang kultiviert werden, diese Bezeichnung tragen, nach großzügiger Interpretation auch Sorten, die bis vor dem Zweiten Weltkrieg angebaut wurden. Damals hielt das heute allgegenwärtige Hybridsaatgut in der Landwirtschaft und in der Hobbygärtnerei Einzug.

Für die Zulassung von Saatgut ist hierzulande das Bundessortenamt zuständig, das allen Sorten, die in den Handel gelangen, seinen Segen erteilen muss.

Kommerzielle Sorten sind in der Regel Hybriden, die durch Kreuzung unterschiedlicher Elternlinien entstehen, deren Saatgut aber nur in der ersten Generation gute Erträge bringt. Alte Sorten hingegen sind samenfest – sie werden seit Generationen gezüchtet, und die Nachkommen weisen stets dieselben Eigenschaften wie die Mutterpflanze auf. Es gibt weltweit über 1000 Tomatensorten, von denen jedoch nur ein Bruchteil in den Handel gelangt.

Sobald sich der Boden im Frühjahr erwärmt hat und kein Frost mehr droht, können Sie loslegen.

So geht's

1. Wählen Sie ein sonniges Beet, und arbeiten Sie gut verrotteten Kompost in die Erde ein.

2. Graben Sie im Abstand von jeweils 1 m für jeden Setzling ein etwa faustgroßes Pflanzloch, und geben Sie – falls vorhanden – eine Handvoll Holzasche hinein. Das ist sehr empfehlenswert, denn Holzasche enthält Kalium, das Geschmack und Qualität der Früchte verbessert und ein gesundes Pflanzenwachstum fördert.

3. Teilen Sie Ihre Setzlinge behutsam, und pflanzen Sie sie ein. Die Wurzeln dürfen dabei nicht beschädigt werden. Die Erde rundum andrücken.

4. Die Setzlinge gründlich wässern und vorsichtig mulchen.

5. Für rankende Sorten jeweils 10 cm neben der Pflanze einen Holzstab 20 cm tief in die Erde stecken. Den Haupttrieb anbinden, damit er nicht knickt. Buschtomaten brauchen keine Stütze.

6. Seitentriebe regelmäßig entfernen, damit die Pflanzen ihre Energie auf die Fruchtbildung konzentrieren können. Sobald sie Früchte angesetzt haben, Flüssigdünger ins Gießwasser geben.

7. Tomaten schmecken am besten, wenn sie sonnengereift geerntet werden. Sie können sie aber auch kurz vor dem Ausreifen pflücken und in der Küche nachreifen lassen.

8. Um Saatgut für das folgende Jahr zu gewinnen, drücken Sie das Mark einer aufgeschnittenen Tomate auf ein Stück Küchenkrepp und lassen es trocknen. Für die Aussaat schneiden Sie das Krepppapier einfach in Stücke mit vier bis sechs Samenkörnern und pflanzen die „Saatscheibe" in einen mit Erde gefüllten Topf.

Tomatensalat mit Pfirsichen

Dieser Salat erfreut Ihren Gaumen mit einem Feuerwerk säuerlicher Tomatenaromen - perfekt ausbalanciert durch die Süße frischer Pfirsiche. Genießen Sie den Geschmack von Cherrytomaten, orangefarbenen Ochsenherzen, zarten ‚Yellow Pear', saftigen ‚Black Russian' und spektakulären ‚Green Zebra'.

FÜR 4 PERSONEN

Salat

1 Schalotte, fein gehackt

60 ml Verjus (Saft unreifer Trauben)

400 g gemischte Tomaten alter Sorten, in Scheiben geschnitten

2 Pfirsiche, in Spalten geschnitten

½ Bund Basilikum, die Blätter abgezupft

Dressing

60 ml Verjus

1 EL Olivenöl, extra vergine

Salz und Pfeffer

Salat

1. In einer kleinen Schüssel die Schalotten mit dem Verjus verrühren. Die Schalotten 20 Minuten ziehen lassen, um ihr Aroma zu verfeinern. Den Saft abgießen und die Schalotten mit Küchenkrepp trocken tupfen.

2. Tomatenscheiben, Pfirsichspalten, Basilikumblätter und Schalotten in einer Salatschüssel vermengen.

Dressing

Den Verjus mit dem Olivenöl verrühren und mit Salz und Pfeffer abschmecken. Das Dressing über den Salat gießen und vorsichtig untermischen.

Servieren

Mit gebackenem Ricotta wird aus dem Salat eine leckere Vorspeise. Eventuelle Reste können Sie als Belag für eine Bruschetta aus geröstetem Weißbrot verwenden und mit Ziegenkäse bestreuen. Schmeckt sofort serviert am besten.

Ein Terrarium anlegen

Als der viktorianische Botaniker Nathaniel Bagshaw Ward bei der Beobachtung von Insekten in einem Glasgefäß zufällig einen Farnsamen keimen sah, war das Terrarium geboren. Wenn Sie sich solch einen Minigarten unter Glas anlegen, können Sie den Pflanzen regelrecht beim Wachsen zusehen.

DAS BRAUCHEN SIE: PLASTIK- ODER BESSER GLASGEFÄSS (MÖGLICHST MIT DECKEL) / KIES ODER KIESELSTEINE / TORFMOOS / GÄRTNERKOHLE / (STERILISIERTE) BLUMENERDE / TROPISCHE UND SUBTROPISCHE PFLANZEN / STEINE / TREIBHOLZ / DEKO-GEGENSTÄNDE (OPTIONAL)

Ein Terrarium ist ein eigenes kleines Ökosystem, das in Privaträumen und Büros gleichermaßen Freude bereitet.

Für die Bepflanzung von Terrarien sind vor allem feuchtigkeitsliebende Pflanzen geeignet, so z. B. Peperomien (Zwergpfeffer), Purpurtute, Fittonie (Mosaikpflanze), Korbmarante, Dreimasterblume, Bergpalme, Bärlappgewächse, Moosfarne, Kanonierblume und Bubikopf.

So geht's

1. Das Glasgefäß gründlich mit Spülmittel oder einer antibakteriellen Lösung reinigen, um schädliche Bakterien, Pilze oder Algen zu entfernen.

2. Das Gefäß ein paar Zentimeter hoch mit Kieselsteinen (oder Aquariumsteinen) füllen. Diese Drainageschicht sollte so dick sein, dass der Gefäßboden von oben nicht mehr zu sehen ist.

3. Feuchtes Torfmoos auf die Kieselsteine legen und gut festdrücken. An den Seiten des Gefäßes dürfen keine Lücken entstehen. Diese Schicht verhindert, dass die Wurzeln der Pflanzen in die Drainageschicht einwachsen, und spendet zugleich Feuchtigkeit.

4. Eine dünne Schicht Gärtnerkohle hinzufügen. Sie sorgt dafür, dass das Substrat immer frisch riecht und nicht sauer wird.

5. Eine ausreichende Menge Blumenerde sterilisieren (z. B. im Backofen) und 3 bis 4 cm hoch in das Terrarium füllen. Wenn Sie eine Hügellandschaft anlegen möchten, benötigen Sie mehr Substrat. Es ist wichtig, die Erde zu sterilisieren – andernfalls werden sich in Ihrem Terrarium wegen des feuchtwarmen Klimas bald Pilze ansiedeln.

6. Das Terrarium bepflanzen. Wählen Sie Pflanzen, die Ihnen gefallen, und kombinieren Sie sie nach Lust und Laune. Versuchen Sie sich schon beim Bepflanzen vorzustellen, wie das Terrarium später einmal aussehen wird. Die größten Pflanzen wirken in der Mitte am besten. Falls nötig, können die Wurzelballen um die Hälfte verkleinert werden, denn an Wasser wird es ihnen in der neuen Umgebung nicht mangeln.

7. Schmücken Sie Ihre Miniaturlandschaft mit Steinen, Treibholz oder anderen Deko-Gegenständen Ihrer Wahl.

8. Besprühen Sie Pflanzen, Deko-Objekte und die Innenseiten des Terrariums mit Wasser. Dieses Wasser und die Feuchtigkeit, die im Torfmoos enthalten ist, reichen aus, um die Pflanzen zu ernähren. Den Deckel erst aufsetzen, wenn die Pflanzen sich trocken anfühlen.

Tipp: Füllen Sie Ihr Terrarium höchstens zu einem Drittel mit Kieselsteinen, Torfmoos und Substrat, damit die Pflanzen genügend Platz zum Wachsen haben.

Pflege eines Terrariums

Ein fertig bepflanztes Terrarium kommt mehrere Monate ohne frisches Wasser aus. Terrarien ohne Deckel müssen allerdings – wie andere Zimmerpflanzen auch – regelmäßig gewässert werden.

Wässern Sie lieber zu wenig als zu viel. Wenn sich Kondenswasser am Deckel oder an den Gefäßwänden bildet, entfernen Sie den Deckel für einen Tag, damit die Feuchtigkeit entweichen kann. Sollten Ihre Pflanzen welken, die Laubblätter sich gelb verfärben oder trocken aussehen, besprühen Sie sie mit Wasser.

Schneiden Sie wuchernde Pflanzen regelmäßig zurück, vor allem, wenn sie die Behälterwände hochwachsen – so verhindern Sie, dass sie faulen.

Der beste Platz für ein Terrarium ist ein heller, gut beleuchteter Ort mit mindestens 50 cm Abstand zum direkten Sonnenlichteinfall. Drehen Sie das Terrarium gelegentlich, damit die Pflanzen gleichmäßig Licht bekommen.

Steine bemalen

Nehmen Sie einen glatten Flusskiesel in die eine und einen Pinsel mit Farbe in die andere Hand, und schauen Sie, ob Sie es wirklich fertigbringen, den Stein *nicht* zu bemalen? Bemalte Steine dienen als Papierbeschwerer, zur Dekoration von Pflanzen, zum Spielen oder in einem Rahmen als kleine Kunstwerke.

DAS BRAUCHEN SIE: STEINE / ACRYLTINTE ODER ACRYLFARBE / PINSEL MIT FEINER SPITZE / TRANSPARENTEN ACRYL-MATTLACK / BREITEN AQUARELLPINSEL

Für dieses Projekt benötigen Sie sehr glatte und schön gerundete Steine – am besten Flusskiesel. Sie sehen nicht nur besser aus, sondern lassen sich auch leichter halten und bemalen als zerfurchte, zerklüftete Exemplare. Waschen Sie die Steine in warmem Seifenwasser, spülen Sie sie gut ab, und lassen Sie sie an der Luft trocknen. Sobald sie trocken sind, können die Steine bemalt werden. Verwenden Sie dazu einen Pinsel mit feiner Spitze sowie Acrylfarbe oder Acryltinte – Letztere ist sehr flüssig und eignet sich deshalb besonders gut für das Aufmalen filigraner Motive.

Lassen Sie sich in Ihrer Motivwahl von der Natur inspirieren: Ob Bäume oder Blattadern – der Fantasie sind keine Grenzen gesetzt. Wenn Sie sonst nur selten malen, beginnen Sie am besten mit einfachen Mustern. Sobald Ihnen die Arbeit mit Pinsel und Farbe gut von der Hand geht, können Sie sich an komplexere Motive wagen.

Fertig bemalte Steine beiseitelegen und die Farbe über Nacht trocknen lassen.

Um die Bemalung zu schützen und die Eigenfarbe der Steine hervorzuheben, sollten Sie Ihre Kunstwerke lackieren. Verwenden Sie einen Lack, der sich für die von Ihnen verwendete Farbe eignet, und bringen Sie ihn mit einem weichen Aquarellpinsel dünn und gleichmäßig auf. Mattlack funktioniert am besten – er ist dezent und betont die Schönheit der Steine, statt sie zu übertönen.

Sobald der Lack trocken ist, können Sie Ihre Steine präsentieren, entweder einzeln oder als Teil einer Sammlung.

Experimentieren Sie mit unterschiedlichen Formen, Farben und Mustern, und kombinieren Sie die Steine nach Lust und Laune. Auch bunte Muster sind wunderschön. Besonders spektakulär und sehr grafisch wirken schwarz grundierte Steine mit weißem Design. Der künstlerischen Freiheit sind hier keinerlei Grenzen gesetzt. Der Spaß ist die Hauptsache!

Sammeln

Heidelbeer-Dinkel-Wähe mit Mandelmilchcreme

Das Schöne an einer Wähe ist ihre Vielseitigkeit - Sie können den Teig mit Beeren aller Art oder auch mit Steinobst belegen. Bei der Zubereitung kann man kaum etwas falsch machen. Verwenden Sie statt Weizenmehl Dinkelmehl, und Sie werden überrascht sein von dem nussigen Aroma.

FÜR 6 PERSONEN

Mürbeteig

250 g Dinkelmehl

2 EL Zucker

½ TL Salz

125 ml Sonnenblumenöl

2 EL Eiswasser

Heidelbeerfüllung

300 g frische oder tiefgefrorene Heidelbeeren

1 EL Pfeilwurzelmehl (oder Speisestärke)

1 TL geriebene Schale von 1 unbehandelten Zitrone

2 TL Zitronensaft

Mandelmilchcreme

500 ml Mandelmilch

1 Vanilleschote, aufgeschnitten und das Mark ausgekratzt

4 Eigelb

2 EL Pfeilwurzelmehl (oder Speisestärke)

60 g brauner Zucker

Im Sommer lässt sich Mürbeteig, der bei kühlen Temperaturen oft besser gelingt, einfacher mit Öl als mit Butter zubereiten. Die Mandelmilchcreme ist geschmacklich dezenter und leichter als traditioneller Pudding und wird zur Wähe serviert.

Den Mürbeteig zubereiten

1. Mehl, Zucker und Salz in einer großen Rührschüssel vermengen. Eine Mulde in die Mitte drücken, das Öl hinzufügen und mit einer Gabel gut untermischen, bis der Teig eine krümelige Konsistenz hat.

2. Das Wasser zugeben und mit den Händen unterkneten. Der Teig sollte so feucht sein, dass er zusammenhält - je trockener er ist, umso mürber wird später die Kruste.

3. Den Teig mit den Händen zu einer Kugel formen und zwischen zwei Lagen Frischhaltefolie auf einer bemehlten Arbeitsfläche mit einem Nudelholz zu einer runden Scheibe ausrollen. Den Teig mit der Frischhaltefolie auf eine Platte legen und mindestens 30 Minuten in den Kühlschrank stellen.

Die Füllung zubereiten

Während der Teig ruht, die Heidelbeeren, das Pfeilwurzelmehl, die Zitronenschale und den Zitronensaft in eine Rührschüssel geben und vorsichtig vermengen. Das geht am besten, indem man die Schüssel schwenkt.

Die Mandelmilchcreme zubereiten

1. Die Mandelmilch, Vanillemark und -schote in einen Stieltopf geben, bei mittlerer Hitze kurz aufkochen und dann bei niedriger Hitze 1 Minute simmern lassen. Den Topf vom Herd nehmen und 20 Minuten beiseitestellen, damit die Vanille ihr Aroma entfalten kann.

2. In einem zweiten Topf Eigelbe und Pfeilwurzelmehl miteinander verquirlen. Zucker hinzugeben und alles zu einer glatten, cremefarbenen Masse verrühren.

3. Die aromatisierte Mandelmilch abseihen, in einen sauberen Topf gießen und bei mittlerer Hitze zum Sieden bringen. Die erwärmte Milch unter die Eier-Mehl-Mischung rühren.

4. Die Creme bei geringer Wärmezufuhr langsam erhitzen und mit einem Holzlöffel 3 bis 5 Minuten rühren, bis sie stockt. Die Creme in eine Schüssel gießen. Sie kann warm oder gekühlt serviert werden. Wenn sie gekühlt serviert werden soll, decken Sie die Schüssel mit Frischhaltefolie ab, damit sich auf der Creme keine Haut bildet.

Die Wähe zubereiten

1. Den Backofen auf 200 °C vorheizen.

2. Die Frischhaltefolie entfernen und den Teig zwischen zwei Lagen Backpapier etwa 3 mm dick ausrollen. Die Platte sollte rundum 2 cm breiter sein als das Backblech. Das obere Backpapier abziehen und entsorgen.

3. Das Backpapier mit dem Teig vorsichtig auf das Backblech legen und die Heidelbeermischung einfüllen. Dabei rundum einen 3 cm breiten Rand frei lassen. Die Teigränder vorsichtig über die Heidelbeeren klappen. Es macht nichts, wenn der Teig dabei bricht, denn das Charakteristische einer Wähe ist ihr rustikales Aussehen.

4. Die Wähe im vorgeheizten Backofen 25 bis 30 Minuten backen, bis der Teig eine goldgelbe Farbe angenommen hat.

5. Die Wähe aus dem Ofen nehmen, drei Minuten abkühlen lassen und zum Auskühlen auf ein Kuchengitter setzen. Die Heidelbeeren ein wenig durchmischen, um den Sirup gleichmäßig zu verteilen.

6. Die Wähe warm oder kalt mit der Mandelmilchcreme servieren.

Picknicken

Mobile aus Fundstücken

Bei einem Spaziergang lässt sich allerlei finden: eine schwarze Feder vielleicht, ein spiralförmiger Zweig, ein Blatt, in das ein Insekt ein Punktemuster gefressen hat. Aus solchen Fundstücken lassen sich schöne Mobiles basteln, die Sie an vergangene Streifzüge durch die Natur erinnern und zu weiteren anregen.

DAS BRAUCHEN SIE: ÄSTE / FEDERN / SAMENKAPSELN / SCHERE / FARBIGE BINDFÄDEN / HEISSKLEBEPISTOLE

Die winzigen Adeliepinguine, die für ihre Nester die größten und schönsten Felsen der Antarktis auswählen, sind der beste Beweis dafür, dass der Wunsch, das eigene Zuhause möglichst attraktiv zu gestalten, auch im Tierreich verbreitet ist. Um Ihr Haus oder Ihre Wohnung zu schmücken, müssen Sie nicht einmal Geld ausgeben. Sammeln Sie bei Ihren Spaziergängen einfach ein, was die Natur Ihnen schenkt, und verwandeln Sie Ihre Fundstücke in einen natürlich schönen Wandschmuck.

So geht's

1. Nehmen Sie Ihren selbst geflochtenen Korb (siehe Seite 225), und ziehen Sie los. Wer weiß, was Sie alles finden werden! Von herabgefallenen Zweigen bis zu verlassenen Schneckenhäusern hat die Natur jede Menge „Ausrangiertes" zu bieten, das von seinen ursprünglichen Besitzern nicht länger gebraucht wird und nur darauf wartet, aufgehoben zu werden – von Ihnen!

2. Objekte mit kleinen Löchern (zum Auffädeln) sind ideal. Sie sollten allerdings nicht zu schwer sein, damit man sie gut mit Bindfäden aufhängen kann. Mit etwas Geschick können Sie die Löcher auch selbst mit einer Schere oder einem Handbohrer bohren. Seien Sie vorsichtig – der Gesamteindruck soll nicht beeinträchtigt werden.

3. Knoten Sie einen Bindfaden entweder am oberen Ende eines Ihrer Fundstücke fest, oder fädeln Sie ihn durch ein Loch und verknoten ihn. Den gesicherten Faden um den Gegenstand wickeln. Nach Lust und Laune weitere Fäden in den gewünschten Farben verarbeiten. Diese Fäden müssen nichts halten, sie sind nur Zierde.

4. Die Fadenenden mithilfe der Heißklebepistole festkleben oder gut verknoten.

5. Legen Sie die umwickelten Gegenstände vor sich hin, und arrangieren Sie sie zu einem Mobile. Die Zweige dienen als Bügel – sie sind stabil genug, um etwas daran aufzuhängen. Schlingen Sie das Ende eines Bindfadens um ein Objekt, verknoten sie es, und binden Sie das zweite Ende an den Bügel, von dem das Objekt herabhängen soll. So fortfahren, bis alle Fundstücke verarbeitet sind. Die Fadenenden jeweils mit einem Doppelknoten sichern.

Waldeinsamkeit

Waldeinsamkeit,
Die mich erfreut,
So morgen wie heut,
In ewger Zeit,
O wie mich freut,
Waldeinsamkeit.

LUDWIG TIECK

Meditieren

Immer mehr Menschen nutzen Meditation, um der Hektik des modernen Alltags entgegenzuwirken. Auch die Natur ist geschäftig, doch ihr Kommen und Gehen - Sonnenauf- und -untergang, Ebbe und Flut - erfolgt nach einem stetigen, kontemplativen Rhythmus, der unserer Achtsamkeit als Anker dienen kann.

Ein Ziel der Meditationspraxis besteht darin, das Sein zu erlernen. Es geht nicht darum, etwas auszuprobieren oder zu tun, sondern um das Sein im Hier und Jetzt. Gehen Sie in die Natur, und seien Sie einfach nur - Ihr Geist wird es Ihnen danken.

Wohlbehagen

Suchen Sie sich einen ruhigen Platz, wo Sie sich dann niederlassen. Ob Sie sich im Schneidersitz mit dem Rücken an einen Baum lehnen oder lieber ins Gras legen und die Sonne ins Gesicht scheinen lassen - Hauptsache, Sie fühlen sich wohl. Entspannen Sie Ihren Kiefer, sodass Ihre Lippen sich leicht öffnen.

Atmen

Wenn Sie es sich bequem gemacht haben, konzentrieren Sie sich auf die Geräusche um Sie herum. Nach ein paar Augenblicken wenden Sie Ihre Aufmerksamkeit nach innen und überlassen sich dem Rhythmus Ihres Ein- und Ausatmens. Versuchen Sie nicht, den Atem zu kontrollieren, lassen Sie ihn einfach fließen.

Beobachten Sie, wie Ihr Geist in die Vergangenheit und in die Zukunft wandert und Ihr Körper sich im Hier und Jetzt verortet. Halten Sie Ihre Gedanken nicht fest, sondern lassen Sie sie kommen und gehen wie sanfte Wellen. Wenn die Gedanken übermächtig zu werden drohen, kehren Sie zu Ihrem Atem zurück. Atmen Sie fünfmal tief ein und aus, und zählen Sie dabei Ihre Atemzüge. Ihr Atem verankert Sie im Augenblick. Wo können Sie ihn spüren? An den Nasenlöchern oder auf der Oberlippe? In der Brust oder im Bauch?

Genuss

Probieren Sie aus, welcher Meditationsstil für Sie der Richtige ist. Die Achtsamkeitspraxis kennt eine Reihe von Meditationstechniken, die unterschiedliche Schwerpunkte setzen. Versuchen Sie:

- beim Meditieren den Rücken gerade zu halten, um den Energiefluss zu fördern,
- die Zunge hinter die Zähne an den Gaumen zu legen, um den Kiefer zu entspannen,
- mit oder ohne Sitzkissen zu meditieren,
- die Augen zu schließen oder sie offen zu halten,
- beim Meditieren sanft zu lächeln oder eben nicht zu lächeln,
- Ihren Geist für das Gefühl der Dankbarkeit zu sensibilisieren. Wofür sind Sie in diesem Moment dankbar?

Klein anfangen

Setzen Sie sich nicht unter Druck, indem Sie versuchen, gleich zu Anfang eine Stunde oder länger zu meditieren. Beginnen Sie mit zwei- bis fünfminütigen Meditationen, und steigern Sie die Dauer, wenn Sie eine gewisse Übung haben - oder auch nicht. Die Entscheidung liegt bei Ihnen.

Fokussieren Sie sich, und stellen Sie den Wecker, um nicht ständig nachzusehen, wie viel Zeit vergangen ist. Schließlich werden Sie sich dem ruhigen Rhythmus der Natur überlassen und spüren, wann es Zeit ist, wieder in den Alltag zurückzukehren.

HERBST

Den Regen riechen

Der wunderbare Duft, der in der Luft liegt, wenn Regen fällt, wird „Petrichor“ genannt. Das Wort setzt sich aus dem griechischen „petra“, „Stein“, und „ichor“, „Blut der Götter“, zusammen. Es beschreibt den Geruch nach Öl, den der Regen in Felsen und im Boden freisetzt. Wissenschaftler behaupten, dass wir ihn deshalb so lieben, weil das Überleben unserer Vorfahren vom Regen abhing.

Einen Garten mit heimischen Pflanzen anlegen

Heimische Pflanzen sind perfekt an die Boden- und Klimaverhältnisse ihres Lebensraums angepasst. Sie sind pflegeleicht, ressourcenschonend und wachsen fast von alleine. In solch einem Garten werden sich auch heimische Vogelarten, Säugetiere und Insekten einfinden - ganz so, wie die Natur es vorgesehen hat.

DAS BRAUCHEN SIE: EINE AUSWAHL KLEINER TOPF- ODER CONTAINERPFLANZEN / BLUMENERDE / BRENNNESSEL- ODER BEINWELLJAUCHE / WURMTEE / LANGSAM WIRKENDEN DÜNGER

Die heimische Flora besteht aus regionaltypischen Pflanzen, die in ihrem angestammten Lebensraum perfekte Wachstumsbedingungen vorfinden.

Eine Besonderheit sind sogenannte endemische Pflanzen, die nur in begrenzten geografischen Gebieten und sonst nirgendwo vorkommen, wie z.B. das Bayerische Löffelkraut oder der Schierlings-Wasserfenchel, der nur an der Unterelbe wächst.

Pflanzen, die sich außerhalb ihrer Heimat verbreitet haben, nennt man Neophyten. Zu ihnen gehört beispielsweise das berühmt-berüchtigte Indische Springkraut, das als Zierpflanze nach Europa gelangte und sich dank seiner atemberaubenden Wachstumsgeschwindigkeit gegen sämtliche heimische Pflanzen durchsetzt.

Heimische Pflanzen haben sich über Hunderte, oft Tausende von Jahren in ihren lokalen Ökosystemen entwickelt, sich an die gegebenen Boden- und Klimaverhältnisse sowie das vorhandene Nährstoffangebot angepasst. Auch in Ihrem Garten werden sie gedeihen.

Die richtige Pflanzzeit

Heimische Gewächse pflanzt man am besten im Herbst (September bis November). Die Temperaturen sind nicht mehr so hoch, und vermehrte Niederschläge in dieser Jahreszeit helfen den Pflanzen, sich gut zu verwurzeln.

Die richtigen Pflanzen

Ob Bodendecker oder Kletterpflanzen, Klein- oder Großstauden, Gehölze oder Bäume - heimische Pflanzen gibt es in jeder erdenklichen Wuchsform. Manche gedeihen in Töpfen, andere brauchen sehr viel Platz.

Welche Pflanzen sich für Ihren Garten eignen, hängt nicht nur von den regionalen Gegebenheiten ab, sondern auch davon, wie viel Platz Sie zur Verfügung haben und welches Umfeld Sie für Insekten, Vögel und Säugetiere schaffen möchten. Und natürlich auch von Ihren persönlichen Vorlieben.

Die richtige Pflege

Da heimische Pflanzen bestens an ihre Umwelt angepasst sind, brauchen sie nicht viele zusätzliche Nährstoffe. Womöglich reagieren sie sogar empfindlich auf herkömmliche Düngemittel. Gut verrotteter Kompost, Jauche, Wurmtee und kleine Mengen langsam wirkenden Düngers reichen als Starthilfe vollkommen aus.

Ein Garten mit heimischen Pflanzen muss nicht verwildern. Sie können einheimische Stauden, Büsche und Bäume genauso beschneiden und erziehen wie deren exotische Verwandte.

Der richtige Anfang

Wenn Sie mehr dazu wissen möchten, welche heimischen Pflanzen sich für Ihren Garten eignen und wie man sie pflegt, setzen Sie sich mit dem zuständigen Gartenbauamt, einem örtlichen Gartenbauverein oder dem Forstamt in Verbindung. Mit etwas Glück erhalten Sie dort Auskunft zur Identifizierung, Verbreitung und Pflege der heimischen Flora.

Vögel beobachten

Trotz ihres zarten Gefieders gehören Vögel zu den robustesten Geschöpfen der Natur. Es gibt weltweit über 10 000 Vogelarten, die allesamt von den Sauriern abstammen. Die Vogelbeobachtung ist ein Teilgebiet der Ornithologie (Vogelkunde). Passionierte Vogelbeobachter (Spotter) unternehmen oft weite Reisen, um möglichst viele seltene Vögel auf ihren „Hitlisten" abzuhaken.

Vögel anlocken

Mit diesen einfachen Futterplätzchen lassen sich unsere gefiederten Freunde gerne in den Garten oder auf die Terrasse locken. Dort können wir sie aus respektvoller Distanz beobachten und ihnen - getreu dem Motto, dass Liebe durch den Magen geht - auf dezente Weise unsere Zuneigung zeigen.

DAS BRAUCHEN SIE: ESSLÖFFEL / GEMAHLENE GELATINE / WASSER / GROSSEN KOCHTOPF / VOGELFUTTER / PACK- ODER WACHSPAPIER / AUSSTECHFÖRMCHEN, WECKGLASDECKEL ODER GIESSFORMEN / SCHERE / STROHHALME / SCHNUR

So geht's

Dieses Rezept ergibt sechs circa 7,5 cm^2 große Futterplätzchen. Für eine kleinere oder größere Anzahl müssen Sie die Zutatenmenge entsprechend anpassen. Die Herzen sind schnell hergestellt, müssen aber einen Tag aushärten.

1. Vier Esslöffel gemahlene Gelatine in 75 ml kaltem Wasser auflösen und ein paar Minuten quellen lassen.

2. Währenddessen 260 ml Wasser in einem Topf erhitzen. Dann die gequollene Gelatine unterrühren, bis sie sich vollständig aufgelöst hat.

3. Circa 200 g Vogelfutter (siehe Rezept) unterrühren und die Mischung zum Abkühlen beiseitestellen, bis die Masse geliert. Das dauert etwa 15 Minuten.

4. Das Pack- oder Wachspapier auf der Arbeitsfläche ausbreiten und Ausstechförmchen, Weckglasdeckel oder Gießformen darauflegen.

5. Die Vogelfutter-Gelatine-Mischung, sobald sie fest und etwas abgekühlt ist, löffelweise in die Förmchen geben und mit den Fingern festdrücken. Die Förmchen gleichmäßig befüllen.

6. Die Strohhalme in 5 cm lange Stücke schneiden. Etwa 2 cm vom Rand entfernt in jedes Förmchen einen Strohhalm stecken. Er muss das Futterplätzchen komplett durchdringen, damit Sie später eine Schnur durch das dadurch entstehende Loch fädeln können.

7. Das Vogelfutter an einem kühlen, dunklen Ort über Nacht aushärten lassen. Am nächsten Tag die Strohhalme vorsichtig entfernen und die Plätzchen aus den Förmchen drücken. Schnüre durch die Löcher fädeln und die Plätzchen draußen aufhängen. Sie sollten für Vögel gut zugänglich, aber für Raubtiere wie Katzen außer Reichweite sein. Jetzt heißt es nur noch warten, bis sich die ersten Gäste einstellen.

Rezept für Vogelfutter

Sie können für dieses Projekt entweder handelsübliches Vogelfutter verwenden oder das Futter selbst zusammenstellen. Das geht ganz einfach: Jeweils etwa 70 g Sonnenblumenkerne mit Schale, getrocknete Maiskörner, ungesalzene Erdnüsse und Rosinen oder andere Trockenfrüchte wie Äpfel klein hacken oder im Mixer grob zerkleinern und anschließend miteinander vermengen.

argus
argoflex

Naturfotografie

„Die Fotografie ist ein Medium, eine Sprache, die mir das direkte Interagieren mit der Natur ermöglicht und mir erlaubt, enger mit ihr in Berührung zu kommen.“

PAUL CAPONIGRO

Dill
2008

Saatgut gewinnen

Seit es Landwirtschaft gibt, wird auch Saatgut geerntet. Vor rund 12 000 Jahren begann der Mensch, Nahrungspflanzen anzubauen, ihre Samen zu gewinnen, aufzubewahren und zu tauschen. Setzen Sie diese Tradition fort, und sammeln Sie das Saatgut aus Ihrem Garten, um es im nächsten Jahr wieder auszusäen.

DAS BRAUCHEN SIE: KOPF- ODER PFLÜCKSALATPFLANZEN / SCHÜSSEL / PAPIERUMSCHLÄGE ODER -TÜTCHEN / STIFT

So althergebracht und simpel es auch sein mag – für den Erhalt der Artenvielfalt auf dieser Erde ist das Gewinnen von Saatgut heutzutage von größter Bedeutung. Nur so lässt sich die Pflanzen- und Tierwelt auf Dauer gesund erhalten. Außerdem macht es Spaß, den Lebenszyklus einer Pflanze zu verfolgen, mitzuerleben, wie sie keimt und gedeiht, und ihre Vermehrung aktiv zu steuern.

Mit dem Ernten von Saatgut tragen Sie auch zum Erhalt Ihrer Lieblingspflanzen bei, ob Nahrungspflanzen oder Blumen. Diese passen sich mit der Zeit immer besser an das Mikroklima und den Boden ihres direkten Umfelds an. Pflanzen aus deren Samen gedeihen besser als solche aus herkömmlichem Saatgut – vorausgesetzt, Sie können eine ausreichende genetische Vielfalt aufrechterhalten.

Manche Sorten, die über Generationen hinweg kultiviert wurden, sind inzwischen so selten, dass nur noch begrenzte Mengen Saatgut zur Verfügung stehen, die entsprechend wertvoll sind. Auch diese „alten Sorten“ sind samenfest und eignen sich sehr gut für die Hobbygärtnerei.

Los geht's

Säen Sie die Pflanze, von der Sie Saatgut ernten wollen, aus, und lassen Sie sie heranwachsen. Achten Sie beim Kauf darauf, dass auf der Packung „samenfest“ steht, Sie also kein Hybridsaatgut erwischen (z.B. F1-Hybride), für dessen Gewinnung Pflanzen miteinander gekreuzt wurden (wie z.B. bei Brokkoli und Blumenkohl). Hybridsaatgut bringt in der ersten Generation sehr gute Erträge, doch schon die Enkelpflanzen schwächeln oft erheblich. Zudem ist der Erhalt alter Sorten wünschenswert, um zu einer Ausweitung des Angebots an Gemüsepflanzen, Kräutern und Blumen beizutragen.

Wenn Sie noch keine Erfahrung mit der Saatgutgewinnung haben, beginnen Sie mit Selbstbestäubern wie Kopfsalat, Erbsen oder Koriander. Ziehen Sie immer nur eine Sorte auf einmal.

Salatsamen gewinnen

1. Kurz bevor Kopfsalat sich versamt, schießt er: Er bildet längere, , bitter schmeckende Blätter und einen langen, fleischigen Spross aus. Bald erscheinen kleine gelbe Blüten und anschließend Samen mit pusteblumenartigen Flusen. Sobald die Samen trocken aussehen und sich dunkel färben, sind sie erntereif. Das dauert etwa zwei bis vier Wochen.

2. Den Spross mit den Blüten vorsichtig abschneiden, kopfüber über eine Schüssel halten und die Samen herauspulen. Dabei landen auch Kronblätter und Sprossteile in der Schüssel.

3. Nun pusten Sie, wie seit Jahrhunderten üblich, sachte über die Samen. Sie sind schwerer als die Blütenreste, die Sie mit der Luft wegblasen.

4. Die Samen in einen trockenen Briefumschlag füllen und darauf Sortenbezeichnung, Datum und exakte Angaben zum Ernteort notieren.

5. Die Samen an einem kühlen, trockenen, dunklen Ort aufbewahren und innerhalb der nächsten zwei bis drei Jahre aussäen.

„Mundraub"

„Mundräuber" erkennen auf den ersten Blick, was ihnen schmecken könnte. Folgen Sie den Spuren dieser modernen Rebellen, die Obst, Kräuter, Gemüse und viele andere Gaben der Natur im öffentlichen Raum ausfindig machen, kartieren und ernten und sie buchstäblich vor dem Verderben retten.

Früher, als die Menschen sämtliche Nahrungsmittel selbst herstellten oder gegen andere Nahrungsmittel eintauschten, galt Mundraub als Rechtsvergehen. Heute vertreibt sich eine neue Generation umweltbewusster Stadtbewohner die Zeit mit dieser Art von Nahrungsbeschaffung, klaubt heruntergefallenes Obst auf und erntet, was es im öffentlichen Raum zu ernten gibt.

Was ist erlaubt?

Obst aufzuklauben ist in zwei Fällen erlaubt: wenn es sich um Fallobst von Bäumen aus Privatgärten handelt, das über den Zaun auf den Gehweg oder die Straße gefallen ist, oder um Obst von verwilderten Bäumen, die an Straßenrändern, Flussufern und Bachläufen, in der Nähe von Brücken oder sonst wo im öffentlichen Raum wachsen.

Alle essbaren Pflanzen, die auf öffentlichem Grund wachsen, dürfen von der Allgemeinheit geerntet werden. Vielleicht haben Sie Glück und finden in Ihrer Umgebung Nüsse, Kräuter und Wildgemüse.

Wo wird man fündig?

Stadtränder und Vororte sind Hotspots für „Mundräuber", die nach Fallobst suchen. Auch unerschlossene Baugebiete in der Peripherie können einen kulinarischen Streifzug wert sein, vor allem, wenn sie einmal landwirtschaftlich genutzt wurden.

Auf dem Land stehen Apfel-, Birnen- und Walnussbäume oft an Straßenrändern, wo sie sich selbst ausgesät haben, entweder weil der Wind die Samen dorthin getragen hat oder Autofahrer im Vorbeifahren Kerngehäuse rausgeworfen haben. Erfahrene „Mundräuber" warnen, in Industriegebieten zu ernten, wo der Boden mit Schadstoffen belastet und die Luftverschmutzung hoch sein kann.

Wann und wie ernten?

Das meiste Obst reift zwischen Hochsommer und Spätherbst.

Man muss nicht heimlich ernten, doch sollte man ein paar Benimmregeln beherzigen. Sind Früchte aus einem Privatgarten auf den Bürgersteig gefallen, dürfen Sie sie auflesen, ohne zu fragen. Hängt das Obst an einem über den Zaun ragenden Ast, sollten Sie den Eigentümer lieber fragen, ob Sie ein, zwei oder mehr Früchte pflücken dürfen, denn hierzulande ist es generell verboten, Obst von Bäumen zu ernten, die auf Privatgrundstücken stehen. Das gilt selbst dann, wenn die Äste über die Grundstücksgrenze hinausragen.

Obstbäume kartieren

Kaufen, drucken oder zeichnen Sie eine Karte Ihrer Umgebung, und markieren Sie darauf die Fundstellen. So können Sie Ihr Wissen mit Gleichgesinnten teilen bzw. haben eine Erinnerungsstütze für die nächste Erntesaison.

Denken Sie sich Symbole für die Obstsorten, die Sie geerntet haben, aus – z.B. kleine Äpfel oder Birnen – und einen Farbschlüssel, aus dem hervorgeht, was wann wo reif ist. Der Fantasie sind hier keine Grenzen gesetzt. Schauen Sie doch auch einmal auf Homepages wie z.B. mundraub.org.

Und nun viel Spaß beim Ernten!

Einkochen und einlegen

Spare in der Zeit, so hast du in der Not: Wer Sommerbeeren, Tomaten und Steinobst konserviert, kann das ganze Jahr über aus dem Vollen schöpfen. Verarbeiten Sie die süßen, saftigen Früchte zu Konfitüren, Pickles oder Chutneys, oder probieren Sie eine andere Konservierungsmethode aus.

DAS BRAUCHEN SIE: GLÄSER MIT DECKEL / BEEREN ODER STEINOBST / ZITRONENSAFT / KRISTALLZUCKER / GROSSEN KOCHTOPF / RÜHRLÖFFEL / UNJODIERTES SALZ / WEISSWEINESSIG ODER APFELESSIG MIT 5 % SÄURE / GURKEN / PFEFFERKÖRNER / FRISCHEN DILL

Ehe uns die Moderne Elektrizität, Kühlschränke, landwirtschaftliche Großbetriebe und Supermärkte bescherte, in denen saisonale Früchte rund ums Jahr erhältlich sind, lebten die Menschen im Rhythmus der Jahreszeiten und bauten eigenes Obst, Gemüse und Kräuter an. Überschüsse wurden konserviert, damit es auch im Winter genug zu essen gab. So überbrückte man die „Durststrecke" bis zum nächsten Frühling, wenn die Natur wieder zu neuem Leben erwachte.

Durch Konservierung lassen sich chemische Zersetzungsprozesse wie die Oxidierung von Fetten und das Wachstum von Bakterien, Pilzen und anderen Mikroorganismen verzögern oder verhindern.

Es gibt zahlreiche, oft regional oder kulturell geprägte Konservierungsmethoden für die unterschiedlichsten Zutaten und Nahrungsmittel. Alte Techniken sind oftmals ressourcenschonend, fordern aber die Muskeln, während neuere den Einsatz moderner Geräte verlangen. Übliche Konservierungsmethoden sind z.B.: trocknen, kühlen, einfrieren, erhitzen, einsalzen, zuckern, räuchern, sauer einlegen, eindosen, einkochen, gelieren, in Krüge füllen, vergraben, pökeln und vergären.

Konfitüren, eingekochtes Obst und Chutneys

Bestandteil aller drei ist Obst oder Gemüse, die mit Zucker gekocht und in luftdicht verschlossenen Einmachgläsern aufbewahrt werden.

Um Marmelade oder Konfitüre herzustellen, muss das Obst mehr oder weniger püriert werden, während man zum Einkochen ganze oder nur grob zerkleinerte Früchte verwendet. Als Zutaten für Chutneys eignen sich vor allem Tomaten, Äpfel, Zwiebeln, Kräuter und Gewürze. Sie passen hervorragend zu herzhaften Gerichten.

Grundrezept für Konfitüren und Chutneys

Obwohl die Zutaten sich hinsichtlich Menge und Zusammensetzung unterscheiden, werden Konfitüren und Chutneys nach derselben Methode zubereitet.

Gläser und Deckel heiß spülen. Die Gläser (ohne Deckel) auf ein Backblech stellen und im Backofen bei 110 °C sterilisieren. Die Deckel in eine Schüssel sauberes heißes Wasser legen, bis sie gebraucht werden. (Frisch gekochte heiße Marmeladen und Konfitüren sollten in heiße, kalt gerührte in kalte Gläser gefüllt werden.)

Obst oder Gemüse waschen, Stiele, Kerngehäuse, Kerne und Schadstellen entfernen. Äpfel und Birnen schälen, Kirschen entsteinen. Beeren brauchen nicht geschält zu werden. Für Konfitüren müssen Sie das Obst klein schneiden oder pürieren. Sollen Früchte eingekocht werden, können sie als Ganzes verwendet oder in große Stücke geschnitten werden. Für Chutneys das Gemüse grob zerkleinern.

Das Obst oder Gemüse in einen großen Kochtopf geben und Zucker hinzufügen (pro Kilogramm Obst 750 g Zucker). Bei süßen Früchten empfiehlt sich die Zugabe von ein bis zwei Esslöffeln Zitronensaft zur Förderung des Gelierprozesses. Für die Chutneys zusätzlich Essig angießen. Die Menge ist abhängig von der Obst- oder Gemüsesorte und der

Essigart: Apfel-, Rotweinessig oder Balsamico sind gleichermaßen geeignet. Beginnen Sie mit Essig und Zucker im Verhältnis 1:1, und schmecken Sie das Chutney nach und nach ab.

Den Topf auf den Herd stellen, die Masse aufkochen und bei kleiner Hitze unter häufigem Rühren 30 bis 120 Minuten köcheln lassen. Für die Gelierprobe geben Sie ein bis zwei Teelöffel des Kochguts auf einen kleinen Teller. Geliert die Probe, können Sie die Mischung in die Gläser füllen. Wenn nicht, muss sie noch länger gekocht werden. Zum Verschließen die Deckel aufsetzen und die Gläser auf den Kopf stellen. Ist die Konfitüre bzw. das Chutney abgekühlt, können Sie die Gläser etikettieren und an einem kühlen, dunklen und trockenen Ort lagern. Das Eingekochte hält monate-, ja sogar jahrelang, doch einmal geöffnet, sollte es im Kühlschrank aufbewahrt und innerhalb eines Monats verzehrt werden.

Pickles

Wer mag, kann Obst oder Gemüse auch fermentieren bzw. sauer oder salzig einlegen – entweder in eine Essig-Wasser-Lösung oder in Salzlake. So wird der pH-Wert in den sauren Bereich verschoben, und es verdirbt nichts mehr. Für Pickles eignen sich alle Obstsorten außer Feigen und sehr viele Gemüsesorten (so auch die meisten Tomatensorten). Wie wäre es beispielsweise mit Essiggurken?

Grundrezept für Eingelegte Gurken

Die Gurken unter fließendem Wasser abbürsten, abtrocknen und vom Blütenende etwa 0,5 cm abschneiden (die Blüte kann ein Enzym enthalten, das die Früchte matschig werden lässt). Die Gurken in gleich dicke Scheiben schneiden und in saubere, sterilisierte Einmachgläser schichten. Frische Dillzweige und ganze Pfefferkörner zwischen die Schichten legen. Das Glas bis etwa 1,5 cm unterhalb des Rands füllen.

Wasser, Essig und Salz in ausreichender Menge (im Verhältnis 450 ml Wasser, 75 ml Essig und 1½ Esslöffel Salz) in einem Kochtopf bei mittlerer Hitze zum Kochen bringen und über die Gurken gießen. Die Einmachgläser sofort luftdicht verschließen, etikettieren und datieren und an einen kühlen, dunklen, trockenen Platz stellen.

Die Essiggurken vor dem Öffnen mindestens drei Wochen durchziehen lassen. Geöffnete Pickles halten sich im Kühlschrank mehrere Monate lang.

Dieses Grundrezept können Sie auch für viele andere Gemüsesorten verwenden. Experimentieren Sie ruhig mit verschiedenen Mischungen, Kräutern und Gewürzen. Empfehlenswert sind zum Beispiel grüne Bohnen mit Cayennepfeffer, Knoblauch und Dill, Blumenkohl mit Kreuzkümmel, Kurkuma, Knoblauch und Lorbeerblättern und Auberginen mit Oregano, Thymian, schwarzem Pfeffer und Chiliflocken.

Tipps und Tricks

Verwenden Sie zum Einkochen und Einlegen am besten unjodiertes Speisesalz, damit die Flüssigkeit nicht trüb wird. Zudem kann Jodsalz Farbe und Textur des Gemüses beeinträchtigen und in den Gläsern einen Bodensatz hinterlassen.

Weißwein- oder Apfelessig mit fünf Prozent Säure ist zum Einlegen am besten geeignet. Beim Einlegen hellerer Gemüsesorten, wie z. B. Blumenkohl, sollten Sie Weißweinessig verwenden, damit das Gemüse sich nicht verfärbt.

Besonders knackig wird eingelegtes Gemüse, wenn Sie es (ganz oder in Scheiben geschnitten) zunächst kräftig einsalzen und in einer großen Schüssel, mit einem sauberen Küchenhandtuch zugedeckt, über Nacht an einem kühlen Ort stehen lassen. Das Salz entzieht dem Gemüse Wasser, sodass es knackiger wird. Die Flüssigkeit am nächsten Tag weggießen, das Gemüse abspülen, trocken tupfen und nach Wunsch einlegen.

Buchweizencrêpes mit Birnen und Feigen

Mit seinen herbstlichen Farben passt dieser rustikale Pfannkuchen gut zur Jahreszeit. Der Karamell wird durch Datteln, Kokosmilch, Kokosfett und Tahini schön cremig und üppig. Thymianblättchen geben dem Gericht einen Hauch von Minz- und Zitrusaroma und sorgen für eine herbe Note.

FÜR 4 PERSONEN

Karamell mit Datteln und Tahini

ERGIBT ETWA 300 GRAMM

155 g Datteln

1 EL Tahini

80 ml Kokosmilch, plus mehr zum Servieren

2 EL Kokosfett, geschmolzen

1 TL Vanille, gemahlen

1 EL Ahornsirup

1/8 TL Salz, plus mehr zum Abschmecken

Buchweizencrêpes

ERGIBT ETWA 12 CRÊPES

300 g Buchweizenmehl

2 Eier

250 ml Milch

250 ml Wasser

Butter oder Öl zum Ausbacken

Feigen als Beilage

Bratbirnen mit Honig und Thymian

4 Birnen (z.B. Boscs Flaschenbirnen), halbiert und vom Kerngehäuse befreit

3 EL Honig

1 TL Thymianblättchen, plus mehr zum Servieren

Zimt

20 g Butter

3 EL Wasser

Karamell

1. Die Datteln mit 250 ml kochendem Wasser übergießen und 10 Minuten ziehen lassen. Das Wasser in einen Topf gießen und beiseitestellen.

2. Datteln, Tahini, Kokosmilch, das geschmolzene Kokosfett, gemahlene Vanille, Ahornsirup und Salz im Mixer pürieren und mit dem Dattelwasser zu einem cremigen, glatten Karamell verquirlen.

Buchweizencrêpes

1. Mehl, Eier, Milch und Wasser im Mixer oder mit einem Rührgerät zu einem glatten Teig verquirlen. Die Schüssel mit Frischhaltefolie abdecken und den Teig mindestens eine Stunde oder über Nacht ruhen lassen. So können die Luftbläschen, die sich beim Verquirlen gebildet haben, wieder entweichen, sodass die Pfannkuchen fester werden und beim Backen nicht reißen.

2. Die Crêpes backen, sobald die Birnen fertig sind (siehe nächste Seite). Eine Bratpfanne (ø 23 cm) oder eine Crêpes-Pfanne mit etwas Öl einpinseln und langsam erhitzen – das Öl darf nicht zu heiß sein, damit der Teig nicht anbrennt und Löcher entstehen. Eine Portion Teig in die Pfanne geben und die Crêpe auf beiden Seiten ein paar Minuten goldgelb ausbacken.

3. Die gebackenen Crêpes auf einer Servierplatte aufeinanderstapeln.

Bratbirnen

1. Den Backofen auf 190 °C vorheizen. Die halbierten Birnen mit der Schale nach unten auf ein Backblech legen, die Schnittfläche mit Honig bestreichen und mit Thymianblättchen, Zimt und Butterflöckchen bestreuen. Wasser angießen. Das Blech mit Alufolie abdecken und die Birnen etwa 30 Minuten backen. Die Folie entfernen und die Birnen noch weitere 10 bis 15 Minuten backen, bis sie goldbraun sind.

2. Die Birnen aus der Flüssigkeit nehmen. Das Honigwasser zum Servieren aufbewahren.

Servieren

1. In einem großen Topf bei mittlerer Hitze Karamell, einen Esslöffel Kognak und 125 ml kochendes Wasser verrühren. Thymianblättchen dazugeben, die Birnenhälften in den Topf legen und mit Zimt bestreuen. Die Hitze herunterschalten und die Birnen 7 bis 10 Minuten köcheln lassen, bis der Karamell Blasen wirft und die Birnen weich sind.

2. Crêpes und Birnen auf vier Teller verteilen, dabei etwas von dem beiseitegestellten Honigwasser über die Birnen träufeln, und mit in Spalten geschnittenen Feigen und etwas erwärmter Kokosmilch servieren.

Essbare Wildkräuter sammeln

Unkräuter haben einen denkbar schlechten Ruf. Wegen ihrer großen Verbreitung gelten sie als „gewöhnlich", und Gärtnern sind sie ein Dorn im Auge, denn sie kommen immer wieder. Doch viele von ihnen sind essbare Wildkräuter, die sogar wohlschmeckend und eine echte Bereicherung für unseren Speiseplan sind.

DAS BRAUCHEN SIE: PFLANZENFÜHRER „WILDKRÄUTER" / KORB ODER TASCHE / GARTENSCHERE / LANGÄRMELIGE KLEIDUNG / HANDSCHUHE

Viele Pflanzen, die gemeinhin als „Unkräuter" bezeichnet werden, weil sie überall von selbst aus dem Boden sprießen, sind essbar – als Wildkräuter in Salaten, Suppen, Pfannengerührtem oder Desserts. Sie enthalten zahlreiche Nährstoffe und verleihen Speisen ein einzigartiges Aroma. Wie bei ihren zu Kulturpflanzen veredelten Verwandten auch sind junge Blätter und Triebe besonders zart und enthalten weniger Bitterstoffe als ältere Pflanzen.

Das sollten Sie wissen

In Gärten, Parks, im Wald oder auf Wiesen findet man meist jede Menge essbare Wildkräuter. Sie können wie andere Nahrungspflanzen geerntet, zubereitet und gegessen werden. Pflücken Sie nur Kräuter, die nicht mit Herbiziden belastet sind und die auf schadstofffreiem Grund und Boden sowie nicht in der Nähe von Straßen wachsen.

Es ist wichtig, dass Sie die Pflanzen identifizieren können und wissen, welche Teile davon essbar sind. Wenn Sie sich mit der heimischen Flora nicht so gut auskennen, lassen Sie sich von einer Expertin oder einem Experten aus Ihrem Bekanntenkreis begleiten, oder ziehen Sie einen Pflanzenführer zu Rate. Für die Ernte von Brennnesseln sind langärmelige Kleidung und Handschuhe empfehlenswert.

Weitverbreitete essbare Wildkräuter

Hier ein kurzer Überblick über einige beliebte essbare Wildkräuter – inklusive detaillierter Angaben zu den verwertbaren Pflanzenteilen, den darin enthaltenen Nährstoffen und gegebenenfalls vorhandenen medizinischen Eigenschaften.

Löwenzahn ist sehr mineralstoff- und vitaminreich und enthält viele Antioxidantien. Sämtliche Teile sind essbar, von den gelben Zungenblüten (hervorragend in Salat!) bis zu den Wurzeln. Die frischen, jungen Blätter können gekocht oder als Salatzutat verwendet werden. Sie schmecken etwas bitter. Getrocknete und gemahlene Löwenzahnwurzeln, aufgebrüht mit heißem Wasser, ergeben ein schmackhaftes Getränk.

Brennnesseln sind besonders reich an Kalzium. Die Blätter wirken blutreinigend, die Brennhaare werden zur Behandlung von Arthritis und die Wurzeln bei Prostatabeschwerden eingesetzt. Um die Brennhaare unschädlich zu machen, tauchen Sie die Brennnesseln 30 Sekunden in kochendes Wasser. Blätter und Stängel eignen sich zur Zubereitung von Suppen; die Blätter können wie Spinat gekocht oder getrocknet als Tee verwendet werden.

Brunnenkresse enthält viel Vitamin K, C und A. Sie unterstützt die Bildung und Stärkung der Knochen, soll vor Alzheimer schützen, hilft bei Eisenmangel und stärkt das Immunsystem. Alle Teile dieser köstlichen Pflanze sind essbar. Die pfeffrigen Blätter eignen sich als Zutat für grünen Salat, Suppen und Sandwiches und können gedämpft werden.

Weitere schmackhafte Wildkräuter, die man überall findet, sind z.B. Vogelmiere, Fenchel und Malve.

Rote-Bete-Gnocchi mit Brennnesselpesto

Essbare krautige Pflanzen und Kräuter laufen im Herbst noch einmal zu großer Form auf und treiben Blätter in Hülle und Fülle. Mit Öl, Nüssen, Samen und Zitronensaft oder Essig lassen sie sich wunderbar zu einem leicht säuerlichen Pesto verarbeiten. Knoblauch und Käse sorgen für eine pikante Note.

FÜR 4-6 PERSONEN

Brennnesselpesto

ERGIBT ETWA 250 G

1 großes Bund Brennnesseln (ergibt etwa 75 g Brennnesselblätter)

60 g Mandeln, geröstet*

150 ml Olivenöl

½ Knoblauchzehe, zerdrückt

60 g Parmesan, gerieben

1 TL Zitronensaft

Salz, Pfeffer

Rote-Bete-Gnocchi

500 g Kartoffeln

150 g Rote Bete, gekocht

1 Ei

200 g Weizenmehl

2 EL Öl

Für dieses Pestorezept benötigen Sie Brennnesseln, die im Sommer und Herbst in großen Mengen an Flussufern und auf Brachen wuchern. Beim Blanchieren der Blätter in kochendem Wasser werden die Brennhaare zerstört. Brennnesseln können wie Spinat zubereitet werden und schmecken wie eine Mischung aus Spinat, Brokkoli und Gurken. Sie sind reich an Eisen und Kalzium. Wer keine Brennnesseln mag oder findet, kann für das Pesto auch Rauke verwenden, deren pfeffriges Aroma hervorragend zu den eher süßlichen Rote-Bete-Gnocchi passt.

Brennnesselpesto

1. Mit Handschuhen die Brennnesselblätter von den Stängeln zupfen und die Stängel wegwerfen. Einen großen Topf Wasser zum Kochen bringen, die Blätter etwa 30 Sekunden blanchieren und mit kaltem Wasser abschrecken.

2. Die Blätter trocken tupfen, grob hacken und mit Mandeln, Olivenöl, Knoblauch und Parmesan im Mixer pürieren. Das Pesto mit Zitronensaft, Salz und Pfeffer abschmecken.

* Mandeln können bei mittlerer Hitze ohne Zugabe von Fett in einer Pfanne auf beiden Seiten etwa zwei bis drei Minuten angeröstet oder auf einem mit Backpapier ausgelegten Backblech bei 190°C fünf bis acht Minuten im Ofen gebräunt werden. Gelegentlich wenden, damit sie gleichmäßig bräunen.

Rote-Bete-Gnocchi

1. Den Ofen auf 200°C vorheizen und die Kartoffeln mit Schale eine Stunde backen. Die weichen Kartoffeln durch eine Kartoffelpresse in eine große Rührschüssel drücken oder mit einem Kartoffelstampfer zerdrücken.

2. Die gekochte Rote Bete grob hacken und im Mixer pürieren.

3. Das Rote-Bete-Püree und ein verquirltes Ei zu den Kartoffeln geben und mit einem Holzlöffel gut untermengen. Das Mehl unterkneten und den Teig zu einer Kugel formen.

4. Den Teig auf einer bemehlten Oberfläche eine bis zwei Minuten durchkneten, bis er geschmeidig und gleichmäßig rosa ist.

5. Den Teig in sechs Portionen teilen. Jede Portion zu einem etwa 2 cm breiten Strang rollen und die Stränge in circa 1,5 cm große Stücke schneiden. Die Stücke zu Ovalen formen und über ein Gnocchi-Brett* rollen oder mit der Gabel leicht eindrücken. Das ist nicht unbedingt erforderlich, sorgt aber dafür, dass die Soße besser haftet.

6. Eine Platte mit Mehl bestäuben oder leicht einölen. Ausreichend Wasser in einem großen Topf zum Sieden bringen und die Gnocchi portionsweise etwa zwei Minuten darin garen. Sobald sie an die Wasseroberfläche steigen, sind sie fertig. Die Gnocchi mit der Schaumkelle herausnehmen und auf die vorbereitete Platte legen. Das Kochwasser aufbewahren.

7. In einem weiten Topf das Öl bei mittlerer Hitze erwärmen. Die Gnocchi dazugeben und etwa zwei Minuten anbraten. Ab und zu umrühren oder den Topf hin und her bewegen, damit die Gnocchi von allen Seiten angebraten werden. Geben Sie das Pesto und einige Esslöffel vom Kochwasser dazu. Rühren Sie so lange vorsichtig um, bis das Pesto erwärmt ist.

8. Die Gnocchi auf Teller verteilen und servieren.

* Gnocchi-Bretter sind im Haushaltsbedarf und über den Internet-Versandhandel erhältlich.

Rad fahren

„Beim Fahrradfahren lernen Sie die Konturen eines Landes am besten kennen, denn Sie müssen sich Hügel hinaufquälen und sie wieder hinuntersausen."

ERNEST HEMINGWAY, *BY LINE/49 DEPESCHEN*

Einen Drachen bauen

Drachen wurden vor rund 2000 Jahren in China erfunden. Ursprünglich aus Seide und Bambus gebaut, tanzten sie wenig später auch aus Holz und Papier am Himmel und trieben ihr Spiel mit dem Wind. Dieser klassische, rautenförmige Papierdrachen ist schnell gebaut. Auf geht's, lassen Sie ihn in die Lüfte steigen!

DAS BRAUCHEN SIE: HOLZSTÄBE / HANDSÄGE / LINEAL / STIFT / FEILE / DRACHENSCHNUR / SEIDENPAPIER 100 X 100 CM / SCHERE / WASHI-TAPE / ZANGE / CUTTER / SCHNEIDEUNTERLAGE / STOFFRESTE

Der Rahmen

Einen 50 cm langen und einen 56 cm langen Holzstab zusägen. Den kürzeren Stab in der Mitte (25 cm), den längeren Stab 14 cm unterhalb des später nach oben weisenden Endes markieren. Die beiden Stäbe an den Markierungen rechtwinklig aufeinanderlegen und zusammenbinden. Die Schnur x-förmig um den Kreuzungspunkt wickeln, doppelt verknoten und die Enden abschneiden.

Die Stäbe an beiden Enden vorsichtig 3 mm tief einkerben. Diese Nuten dienen als Führung für die Schnur.

Ein 1,8 m langes Stück Schnur zuschneiden, durch die vier Nuten führen und festziehen. Achten Sie darauf, dass die Schnur an allen vier Seiten straff gespannt ist. Die Schnur doppelt verknoten und die Enden abschneiden.

Die Bespannung

Ein Stück Seidenpapier flach ausbreiten. Den Rahmen darauflegen und mit dem Stift die Konturen nachziehen. Den Rahmen beiseitelegen und das Papier mit 2 cm Spiel zuschneiden. Den Rahmen auf die Papierraute legen.

Das Papier Seite für Seite 2 cm über die Spannschnur nach innen schlagen und mit dem Klebeband festkleben.

Die Schnüre

Zwei Schnüre à 1 m Länge zuschneiden. Eine der beiden Schnüre 15 cm oberhalb des unteren Endes und die andere oberhalb des Kreuzungspunktes mit einem Doppelknoten am Längsstab fixieren. Die beiden losen Schnurenden ebenfalls doppelt miteinander verknoten.

Die obere Schnur vertikal nach oben halten, die untere Schnur zur Spitze der oberen führen und beide Enden doppelt miteinander verknoten.

Der Schwanz

Aus Seidenpapierresten oder Washi-Tape (zwei Streifen gegeneinandergeklebt) ein paar lange Streifen zurechtschneiden und als Schwanz an das untere Ende des Drachens kleben.

Die Leine

Die Drachenschnur auf 5 bis 10 m oder die gewünschte Länge zuschneiden und ein Ende mit einem Doppelknoten an der Führungsschnur befestigen. Das andere Ende um ein Stück Holz wickeln.

Ton stechen

Seit Tausenden, ja Millionen Jahren wird an den Ufern von Seen, Flüssen und Bächen Ton abgebaut, um daraus Gefäße und andere Gegenstände zu formen. Ton zu stechen ist nicht schwierig, aber sehr erfüllend - und eine wunderbare Ausrede, sich mit voller Absicht die Füße dreckig zu machen.

DAS BRAUCHEN SIE: TASCHENMESSER / EIMER / SCHAUFEL ODER KELLE / HAMMER / WASSER / SIEB / BRETT ODER TISCHPLATTE / PLASTIKBEUTEL MIT REISSVERSCHLUSS

Ton ist ein feinkörniges, sehr gut formbares Material, das hauptsächlich aus Mineralien besteht und beim Trocknen oder Brennen aushärtet. Sein Farbspektrum reicht, je nach Mineraliengehalt, von Weiß über Mattgrau und Braun bis zu Orangerot.

Wo findet man Ton?

Oft findet man Ton - entweder in feuchter oder in trockener Form - in der Nähe von Seen, Flüssen oder Bächen, vor allem an den Unterläufen, wo das Wasser praktisch steht, oder in ausgetrockneten Fluss- und Bachbetten. Werden für den Bau einer Straße die obersten Bodenschichten abgetragen, wird man zuweilen ebenfalls fündig.

Wenn Sie auf einem Privatgrundstück Ton stechen möchten, fragen Sie um Erlaubnis. Verhalten Sie sich in der Nähe von Wasserläufen vorsichtig, buddeln Sie nicht in schadstoffverseuchtem Grund herum, und meiden Sie instabile Untergründe.

Wie erkennt man Ton?

Trockener Ton sieht aus wie Dreck oder Gestein, nasser wie Schlamm. Wenn Sie trockene Erdklumpen finden, die Sie für Ton halten, schaben Sie mit Ihrem Taschenmesser daran herum. Rieseln lauter kleine Partikel zu Boden? Dann schaben Sie weiter, bis Sie ein kleines Häufchen beisammen haben, befeuchten es mit Wasser und schauen, was passiert. Löst es sich auf, haben Sie Ton gefunden.

Feuchter Ton lagert oft unter Schichten von Laub, Sand, Steinen und Humus. Wenn Sie auf eine homogene, krümelige Schlamm- oder Bodenschicht stoßen, graben Sie einen kleinen Klumpen aus und kneten ihn mit den Händen zu einer Kugel, diese rollen Sie zu einer Wurst und wickeln sie um einen Finger. Hält sie zusammen und fühlt sich weich und plastisch an, ist es Ton. Graben Sie die benötigte Menge aus, und füllen Sie sie in Ihren Eimer.

Den Ton aufbereiten

Sauberer, gut formbarer Ton kann sofort weiterverarbeitet werden. Häufig muss frisch gestochener Ton jedoch erst aufbereitet werden.

Die Tonklumpen irgendwo ausbreiten, vollständig trocknen lassen (das kann bis zu einer Woche dauern) und anschließend mit einem Hammer zu erbsengroßen Stücken zerschlagen. Einen Eimer zur Hälfte mit Wasser füllen und unter Rühren die gleiche Menge Ton einstreuen. Weiteres Wasser zugießen, bis ein flüssiger Brei entstanden ist. Den Schlicker ein paar Stunden stehen lassen, gut umrühren und - unter Zugabe von Wasser - durch ein Sieb in einen Eimer gießen. Wenn der Ton sich absetzt, gießen Sie das überschüssige Wasser ab. Diese Prozedur wiederholen, bis der Tonbrei mit einer Kelle auf einer glatten Fläche ausgestrichen werden kann (eine alte Resopalplatte ist ideal). Ist er trocken genug, um sich rollen zu lassen, kneten Sie ihn wie Teig, bis er sich geschmeidig anfühlt. Anschließend können Sie ihn einpacken und verstauen.

Ton aufbewahren

Den Ton portionieren und fest in mehrere Lagen Plastikfolie einwickeln und in luftdicht verschließbare Plastikbeutel stecken. So verpackt, kann Ton monate-, ja sogar jahrelang gelagert werden.

Tongefäße

In der Natur sind geordnete und symmetrische Strukturen eher selten. Auch diese handgetöpferten Gefäße wirken unordentlich und rustikal, und zwar mit voller Absicht. Sie sind ideal zum Einpflanzen von Sukkulenten und eignen sich zur naturnahen Präsentation schöner Steine oder anderer kleiner Objekte.

DAS BRAUCHEN SIE: TON / WASSER / WERKZEUGE ZUM BEARBEITEN / ACRYLFARBE / PINSEL / LACK (OPTIONAL)

Ton ist nicht gleich Ton. Seine Herkunft, seine Zusammensetzung, die Minerale und Oxide, aus denen er über Tausende oder gar Millionen Jahre entstanden ist, sind nur einige Faktoren, die seine Beschaffenheit beeinflussen. Auch wie er gestochen, aufbereitet und gelagert wird, spielt eine Rolle.

Eine Schale formen

Ton muss vor dem Verarbeiten durchgeknetet werden, damit er sich erwärmt und schön geschmeidig wird. Ist er sehr trocken und krümelig, arbeiten Sie etwas Wasser ein, ist er zu feucht, kneten Sie ihn auf einer Gipsplatte durch, bis er die richtige Konsistenz hat (der Gips entzieht ihm Wasser).

Sobald der Tonklumpen sich erwärmt hat, keine Luftblasen mehr enthält und eine gute Plastizität aufweist - sich also gut formen lässt -, rollen Sie ihn zu einer Kugel und drücken mit dem Daumen in die Mitte eine tiefe Kuhle, sodass eine Schale entsteht. Die Schalenwände mit Daumen und Zeigefinger kontinuierlich nach außen oben streichen. Damit sie halbwegs gleichmäßig werden, die Schale dabei immer ein Stückchen drehen. Die Bodenstärke sollte etwa 1 cm betragen.

Lassen Sie sich Zeit, um die Schale nach Ihren Wünschen zu formen. Wenn Sie mit dem Ergebnis zufrieden sind, flachen Sie den Boden ab, indem Sie das Werkstück vorsichtig auf die Arbeitsoberfläche drücken. Wenn Sie mögen, können Sie zusätzlich kleine Füße aus Tonresten formen und die Schale daraufstellen.

Der Rand der Schale wird später, sobald sie in Gebrauch ist, wahrscheinlich am stärksten beansprucht. Er muss nicht perfekt sein, sollte aber nicht zu dünn gearbeitet werden.

Dekorieren und lackieren

Streichen Sie die Oberfläche der Schale mit den Fingern glatt, und werden Sie kreativ: Schwämme, Messer, Zahnstocher, Muschelschalen und kleine Zweige eignen sich wunderbar zum Bearbeiten der Oberfläche. Töpfer verwenden jede Art von Werkzeug, um ihre Erzeugnisse effektvoll zu verzieren - Lochschneider, Kegelfräser, Stäbe, Ahlen, Messer. Das Schöne an der Arbeit mit Ton ist, dass man ihn wieder verarbeiten kann, wenn etwas misslingt. Sie können also nach Lust und Laune herumexperimentieren. Mit dem stumpfen Ende eines Stifts lassen sich kleine Vertiefungen eindrücken, mit einem spitzen Zweig Muster einritzen, mit einem Blatt filigrane Reliefs erzeugen.

Wenn Sie Ihr Werk vollendet haben, lassen Sie es an einem warmen Ort oder auf einer Fensterbank ein paar Tage trocknen. Wenn möglich, sollte es anschließend gebrannt werden (z.B. in einer Töpferei in Ihrer Nähe). Andernfalls können Sie Oberflächen und Ränder mit Schmirgelpapier glätten, mit Acrylfarbe bemalen oder lackieren, ganz wie Sie mögen.

Achtung: In Tongefäßen ohne lebensmittelechte Glasur dürfen keine Lebensmittel aufbewahrt werden.

Mit Blättern drucken

Im Herbst werfen sommergrüne Laubbäume ihre Blätter ab, um sich gegen den nahenden Winter zu wappnen. Besonders schöne Blätter bieten sich zum Bedrucken von Stoff oder Papier an. So können Sie Ihrer kreativen Leidenschaft im Einklang mit der Jahreszeit frönen.

DAS BRAUCHEN SIE: FRISCHES HERBSTLAUB / ZEITUNGSPAPIER / TINTE ODER FARBE / PAPIER, KARTON ODER STOFF / PINSEL ODER TINTENSCHWÄMME / DRUCKWALZE / SAUBERES TUCH / KLEINES GLAS WASSER

Blätterdrucke, ob auf Papier oder Stoff, eignen sich für viele Dekorationszwecke: Erstere können beispielsweise gerahmt und aufgehängt, Letztere zu Taschen, Küchenhandtüchern oder T-Shirts weiterverarbeitet werden.

Welche Blätter eignen sich zum Drucken?

Blätter gibt es in allen möglichen Formen, Größen und mit den unterschiedlichsten Rippenmustern. Es dürfte also kein Problem sein, eine vielfältige Auswahl zusammenzustellen. Wenn Sie im Frühjahr oder Sommer mit Laub drucken möchten, müssen Sie die Blätter direkt vom Baum pflücken; bei immergrünen Bäumen gilt das auch im Winter.

Frisch gefallene Blätter eignen sich für dieses Projekt am besten. Sie zerbröseln nicht, wenn sie gepresst oder bearbeitet werden.

Vorbereitung

Die Arbeitsoberfläche mit Zeitungspapier auslegen und die Arbeitsmaterialien darauf ausbreiten: Farben, Tinten, Pinsel, Schwämmchen, Farbwalze und das Papier oder den Karton, die bedruckt werden sollen. Ein Glas Wasser und ein sauberes Tuch zum Aufwischen verschütteter Farbe sollten in Reichweite stehen.

Die „Druckstöcke", also Ihre Blätter, müssen zum Drucken trocken sein.

Drucken

Wählen Sie ein Blatt aus, und inspizieren Sie es genau. Ist die Oberfläche rau oder glatt? Treten die Blattadern hervor? Unterscheiden sich Ober- und Unterseite? Die Zeichnung des Blatts entscheidet über das Druckbild!

Färben Sie das Blatt mithilfe eines Pinsels oder Schwämmchens satt und gleichmäßig ein. Drehen Sie es um, und pressen Sie es vorsichtig auf das Papier: mit den Händen oder mit der Druckwalze. Das Blatt wieder abziehen – und fertig.

Spielerisches Herangehen

Mit jedem Blatt lassen sich ungefähr sechs Drucke anfertigen. Es kommt also nicht darauf an, dass Sie gleich ein perfektes Ergebnis erzielen. Wischen Sie das Blatt vor jedem Durchgang mit einem Tuch ab, und färben Sie es neu ein.

Hier ein paar Tipps für Experimentierfreudige:

- Bringen Sie viel oder wenig Farbe auf.
- Verwenden Sie beide Seiten des Blatts zum Drucken.
- Drücken Sie das Blatt wahlweise sehr fest bzw. nur sanft auf den Bildträger.
- Halten Sie das Blatt flach über das Papier, und lassen Sie es dann darauffallen.
- Rollen Sie mit der Walze kreuz und quer oder nur in einer Richtung über das Blatt.
- Drucken Sie ein und dasselbe Motiv mehrfach übereinander.

Den Sonnenuntergang beobachten

„Bald kam die Dämmerung, eine traubenfarbige Dämmerung, eine violette Dämmerung über Mandarinenpflanzungen und langen Melonenfeldern; die Sonne in der Farbe von Malagatrauben, von burgunderroten Streifen durchbrochen, die Felder in der Farbe der Liebe und spanischer Mysterien."

JACK KEROUAC, *UNTERWEGS*

NEULICHT
DREI TAGE NACH NEUMOND

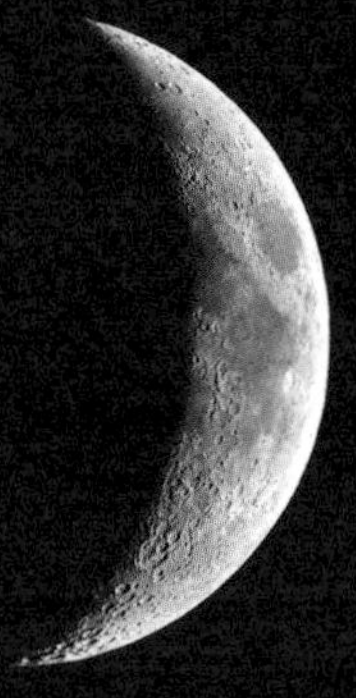

ZUNEHMENDER MOND
TAG 4

ZUNEHMENDER MOND
TAG 7

HALBMOND, ZUNEHMEND
TAG 10

VOLLMOND
TAG 14

ABNEHMENDER MOND
TAG 18

HALBMOND, ABNEHMEND
TAG 22

ABNEHMENDER MOND
TAG 26

ALTLICHT
DREI TAGE VOR NEUMOND

Die Mondphasen

Der Mond ist ein kalter, trockener und staubiger Himmelskörper voller Krater und Felsen. Seine Anziehungskraft ist verantwortlich für die Gezeiten unserer Meere. Lange kannte die Menschheit ihn nur als fernen Planeten. Seine Phasen und Zyklen bestimmen unsere Zeiteinteilung, und er dient uns beim Navigieren.

Der Mond ist der einzige Satellit der Erde. Während er die Erde umkreist, scheint seine Form sich zu verändern. Das entspricht natürlich nicht den Tatsachen – vielmehr handelt es sich um eine Art optische Täuschung, die dadurch zustande kommt, dass Mond, Erde und Sonne ihre Stellung zueinander täglich ändern und immer nur ein Teil des Monds von der Sonne beleuchtet wird.

Die unterschiedlichen Erscheinungsformen des Monds werden Mondphasen genannt. Innerhalb von 29,5 Tagen durchläuft der Mond insgesamt acht Phasen.

Zunehmender Mond

Wenn die Mondsichel wächst, nimmt der Mond zu. Dies geschieht zwischen Neumond und Vollmond.

Abnehmender Mond

Schrumpft die Mondsichel, nimmt der Mond ab. Dies geschieht zwischen Vollmond und Neumond.

Halbmond

Die Phase des zunehmenden oder abnehmenden Monds, in der die Hälfte des Monds am Himmel sichtbar ist.

Neumond

Der Mond befindet sich zwischen Erde und Sonne und ist daher nicht sichtbar.

Astronomische Navigation

Anhand des Monds seinen Standort oder eine Richtung zu bestimmen ist nicht ganz einfach, und das Ergebnis fällt nicht eben genau aus. Am einfachsten ist es bei zunehmendem Mond. Je höher der Mond am Himmel steht, umso präziser die Berechnung.

Ziehen Sie gedanklich eine Linie zwischen den beiden Enden der Mondsichel, und verlängern Sie diese Linie bis zum Horizont. Auf der Nordhalbkugel weist diese Linie in etwa nach Süden, auf der Südhalbkugel in Richtung Norden.

Blick in den Sternenhimmel

„Die Sterne sind einfach da. Die Konstellationen sind unser Werk. Das heißt: Die Sterne existieren im Kosmos, die Konstellationen aber sind die imaginären Linien, die wir zwischen ihnen ziehen, die Deutung, die wir dem Himmel geben, die Geschichte, die wir erzählen."

REBECCA SOLNIT, *STORMING THE GATES OF PARADISE: LANDSCAPES FOR POLITICS*

Astronomische Navigation

Die Sterne werden seit Jahrhunderten von Gelehrten erforscht und sind zugleich Gegenstand vieler Mythen und Legenden. Sternenkunde gehört zu den ältesten Wissenschaften überhaupt, und in der Seefahrt richtet man sich noch heute nach den Sternen. Die Grundlagen dazu kann jeder lernen.

Sie mögen fünf oder auch zehn Minuten in den Sternenhimmel starren – und es passiert nicht viel. Würde man das nächtliche Geschehen im Zeitraffer anschauen, sähe man, dass am Himmel regelrecht die Post abgeht: Die Sterne wandern in geschlossener Formation über das Firmament. Die Erde dreht sich von West nach Ost. Die Himmelsgestirne, auf die sie sich zubewegt, rücken dabei in unser Blickfeld, und die Gestirne, von denen sie sich wegdreht, scheinen hinter dem Horizont zu verschwinden.

Um die Sterne zu beobachten, warten Sie auf die nächste klare Nacht, und begeben Sie sich an einen Ort mit wenig Lichteinfall, also am besten aufs Land. Lassen Sie sich 10 bis 15 Minuten Zeit, damit Ihre Augen sich an die Dunkelheit gewöhnen können.

Den Sternenhimmel verstehen

Sternengucker betrachten sowohl einzelne Sterne als auch Sternbilder.

Ein Stern ist ein leuchtender Himmelskörper aus Plasma (dem sogenannten vierten Aggregatzustand), der von seiner eigenen Schwerkraft zusammengehalten wird. Die hellsten Sterne tragen eigene Namen. Viele Sterne, die bei Nacht sichtbar sind, liegen innerhalb der Milchstraße, die sich wie ein milchiges Band über den Himmel zieht. Der Stern, der der Erde am nächsten ist, ist die Sonne.

Ein Sternbild ist eine Gruppe von Sternen, die, mit imaginären Linien verbunden, eine bestimmte Figur ergeben. Die Liste der Sternbilder, die in der westlichen Welt als solche anerkannt sind, lässt sich auf den griechisch-römischen Astronomen Ptolemäus zurückführen, der vor rund 1800 Jahren lebte. Eines der bekanntesten Sternbilder ist der Große Wagen. Auch Andromeda, Perseus und Skorpion gehören zu den 88 von der Internationalen Astronomischen Union anerkannten Sternbildern.

Einfache Navigation auf der Nordhalbkugel

Der Polarstern gehört zu den hellsten Fixsternen der Nordhalbkugel und „sitzt" mehr oder weniger direkt über dem Nordpol. Wenn Sie ihn gefunden haben, können Sie sich an ihm orientieren.

Suchen Sie zunächst den Großen Wagen. Er besteht aus sieben Sternen, von denen vier den Wagenkasten und drei die Deichsel bilden. Verbinden Sie die beiden Sterne, die den äußeren Rand des Wagenkastens bilden, mit einer imaginären Linie, die Sie nach oben verlängern. Der erste helle Stern, den diese Linie kreuzt, ist der Polarstern.

Einfache Navigation auf der Südhalbkugel

Auf der Südhalbkugel gibt es keinen hellen Stern im Süden. Zur Lokalisierung des Südpols wird deshalb das Kreuz des Südens herangezogen. Das Kreuz des Südens ist eine kompakte Gruppe heller Sterne, die sich anhand von zwei Zeigersternen links davon identifizieren lässt.

Wenn Sie die beiden Zeigersterne gefunden haben, suchen Sie das Kreuz des Südens, und verlängern Sie die vertikale Kreuzachse zu einer Linie. Ziehen Sie eine Linie senkrecht zur Verbindungslinie der Zeigersterne. Wo sich die Linien kreuzen, ist der Himmelssüdpol. Von dort aus eine gerade Linie nach unten bis zum Horizont ziehen – dort ist Süden.

WINTER

Schneespaziergang

Einen Traumfänger basteln

Die Ojibwa-Indianer, eine der First Nations Kanadas, bastelten Traumfänger, um ihre Kinder vor schlechten Träumen zu schützen. Tun Sie es ihnen gleich, und suchen Sie nach Zweigen und Federn für Ihren ganz persönlichen Traumfänger, der Ihr Schlafzimmer verschönert und Ihnen einen friedvollen Schlaf beschert.

DAS BRAUCHEN SIE: BIEGSAME ZWEIGE WIE Z. B. BIRKENREISER, WEIDENZWEIGE / WOLL- ODER BAUMWOLLGARN / FEDERN / SCHERE / DÜNNEN SCHMUCKDRAHT / GLASPERLEN ODER KRISTALLE ZUM AUFFÄDELN

Die Legende des Traumfängers

Die Geschichtenerzähler der Ojibwa berichten von der Spinnenfrau Asibikaashi, die sich um die Kinder ihres Landes kümmerte. Als die Ojibwa in alle vier Ecken Nordamerikas zogen, wurde es für Asibikaashi schwierig, ihre Schützlinge zu erreichen. Deshalb bat sie Mütter und Großmütter, für ihre Kinder und Enkel aus Weidenreifen und Sehnen oder Garn aus Pflanzenfasern magische Traumnetze oder Traumfänger zu weben, in denen sich schlechte Träume verfingen.

So geht's

1. Ein paar biegsame Zweige zu einem lockeren Reifen verflechten. Zur Stabilisierung die Zweigenden miteinander verdrillen. Traditionell sind Traumfänger nicht größer als die Hand eines Erwachsenen, aber natürlich können sie in jeder beliebigen Größe angefertigt werden.

2. Zur weiteren Stabilisierung das Baumwollgarn fest um die Verbindungsstelle wickeln.

3. Für das Netz einen 4 m langen Garnfaden abschneiden. Ein Fadenende zur Schlaufe knoten und diese an einer beliebigen Stelle um den Reifen legen. Das andere Ende durch die Schlaufe ziehen.

4. Den Faden 3 bis 5 cm seitlich am Reifen entlangführen und eine weitere Schlaufe legen. Auf diese Weise fortfahren, bis Sie wieder am Ausgangspunkt angekommen sind. Alle Schlaufen straff, aber nicht zu fest anziehen.

5. Den Faden zwischen der ersten und zweiten Schlaufe, dann zwischen der zweiten und dritten Schlaufe usw. mittig um das gestraffte Garn schlingen, um die Fäden zur Mitte des Reifens zu ziehen. Auch diese Fäden in der Mitte umschlingen und zur Mitte ziehen. Fädeln Sie in dieser dritten Runde eine Perle mit ein – sie symbolisiert die Spinne, die in ihrem Netz auf Beute lauert.

6. Fahren Sie auf diese Weise fort, bis das Netz fast geschlossen ist. In der Mitte ein kleines Loch lassen. Zum Schluss den Faden doppelt verknoten und die Enden abschneiden.

7. Schneiden Sie 5 cm lange Drahtstücke in der benötigten Anzahl zu, und wickeln Sie sie stramm um die Federkiele. Das obere Ende des Drahts jeweils zu einer kleinen Schlaufe biegen. Etwa 15 cm lange Baumwollfäden durch die Drahtschlaufen fädeln und um den Draht wickeln. Das Garn verknoten, damit es fest sitzt und nicht verrutscht. Fixieren Sie das lose Fadenende mit einem Doppelknoten am Reifen. Auf diese Weise weitere Federn in beliebiger Anzahl anbringen.

8. Einen 40 cm langen Baumwollfaden zuschneiden, beide Enden an das obere Ende des Traumfängers knoten und den Traumfänger aufhängen. Süße Träume!

Zimmerpflanzen als Luftfilter

Grünpflanzen in Wohnräumen sind nicht nur schön anzusehen, sie haben auch eine beruhigende Wirkung und dienen der Gesundheit. Wissenschaftler haben nachgewiesen, dass bestimmte Pflanzen durch winzige Blattöffnungen Schadstoffe aus der Luft aufnehmen und so das Raumklima verbessern.

DAS BRAUCHEN SIE: ZIMMERPFLANZEN / BLUMENERDE / BLUMENTÖPFE / UNTERSETZER / KIESELSTEINE / FLÜSSIGDÜNGER

Grünpflanzen setzen optische Akzente - noch dazu sorgen sie für frische Luft in Innenräumen. Dies fanden Wissenschaftler der US-Raumfahrtbehörde NASA heraus, als sie nach Möglichkeiten suchten, die Luftqualität in Raumschiffen zu verbessern.

Auch in unseren Häusern und Wohnungen herrscht oft „dicke Luft“. Über Baustoffe, Lacke, Reinigungsmittel, Plastik, Stoffe und Möbel gelangen nicht selten krebserregende Gifte oder schädliche Gase, wie z.B. Formaldehyd in die Atmosphäre. Glücklicherweise ist die Natur Ihr natürlicher Verbündeter.

Mit Zimmerpflanzen lässt sich das Raumklima in einem urbanen Umfeld entscheidend verbessern. Wie Gartenpflanzen gedeihen sie am besten mit ein paar Streicheleinheiten und beruhigender Musik.

Der richtige Standort

Bei der Auswahl von Gartenpflanzen sind die gegebenen Platz- und Lichtverhältnisse normalerweise die ausschlaggebenden Faktoren. Bei Zimmerpflanzen ist es nicht anders. Manche bevorzugen einen schattigeren Standort, andere Halbschatten oder volle Sonne, manche mögen es warm und feucht, andere lieber kühl und trocken.

Denken Sie vor dem Kauf immer daran, dass jede Pflanze in einem ihr gemäßen natürlichen Umfeld gedeiht, also einem spezifischen Lebensraum, einem bestimmten Klima und einer bestimmten Lage. Je authentischer dieses Umfeld simuliert werden kann, umso prächtiger entwickeln sich die Pflanzen.

Geeignete Pflanzen

Die Wissenschaftler der NASA haben neun tropische und subtropische „Schadstoffkiller“ identifiziert. Diese Pflanzen bilden bestimmte Enzyme, die Schadstoffe zersetzen können.

Aloe vera filtert Formaldehyd aus der Luft. Ihre Blätter enthalten eine klare, vitamin- und enzymreiche Flüssigkeit, Aminosäuren und andere Komponenten, die wundheilend, antibakteriell und entzündungshemmend wirken.

Die Bambuspalme *(Chamardoea seifritzii)* braucht volle Sonne und kann in entsprechender Umgebung 3,5 m hoch werden. Auch sie absorbiert Formaldehyd.

Schwertfarn *(Nephrolepis exaltata 'Bostoniensis')* steht am liebsten feucht und kühl, bevorzugt indirektes Licht und eine hohe Luftfeuchtigkeit. Er neutralisiert Formaldehyd und Xylen.

Der Drachenbaum *(Dracaena)* - eine Gattung mit mehr als 40 Arten - filtert die Ausdünstungen von Benzol, Trichlorethylen und Xylen sowie Formaldehyd. Alle Drachenbäume haben lange, breite Blätter mit weißen, cremefarbenen oder roten Streifen. Für Katzen und Hunde sind sie giftig.

Die Birkenfeige *(Ficus benjamina)*, ein pflegeleichter immergrüner Baum, der bis zu 3 m hoch werden kann, liebt helles, indirektes Licht und absorbiert Formaldehyd sowie Ausdünstungen von Benzol und Trichlorethylen.

Die Garten-Chrysantheme *(Chrysanthemum morifolium)*, der Schadstoffkiller par excellence, neutralisiert Ausdünstungen von Benzol, Xylen sowie Ammoniak und Formaldehyd und hat hübsche Blüten.

Das Einblatt *(Spathiphyllum wallisii)* bevorzugt einen schattigen Standort und blüht den ganzen Sommer. Es filtert Ammoniak, Formaldehyd sowie Ausdünstungen von Benzol und Trichlorethylen.

Der Bogenhanf *(Sansevieria trifasciata)*, eine der robustesten Zimmerpflanzen, die es gibt, liebt volle Sonne und sollte nur mäßig gegossen werden. Er absorbiert Formaldehyd und die Ausdünstungen von Benzol, Trichlorethylen und Xylen.

Grünlilien *(Chlorophytum comosum)* gibt es in fast jedem Haushalt. Sie sind ausgesprochen pflegeleicht und bevorzugen einen hellen Standort mit indirektem Sonnenlicht. Sie neutralisieren Formaldehyd und Ausdünstungen von Xylen.

Pflege

Setzen Sie Ihre Pflanzen in gute Blumenerde, und stellen Sie Untersetzer unter die Töpfe, damit abfließendes Gießwasser aufgefangen wird. Damit sich in den Töpfen keine Staunässe bildet und die Wurzeln nicht faulen, legen Sie den Topfboden am besten mit Kieseln aus. In den wärmeren Jahreszeiten brauchen Zimmerpflanzen mehr Wasser als im Winter, wo man sie kaum gießen muss. Viele Zimmerpflanzen verkümmern nicht etwa, weil sie zu wenig, sondern weil sie zu viel gegossen werden.

Braune Blattspitzen können ein Hinweis auf zu viel Feuchtigkeit sein. Im Extremfall faulen dann die Wurzeln, und die Pflanzen werden anfällig für Schädlingsbefall.

Verstaubte Zimmerpflanzen sind in ihrer Fähigkeit zur Fotosynthese und Luftfilterung beeinträchtigt. Am leichtesten bekommt man sie sauber, wenn man sie an einem regnerischen Abend nach draußen stellt oder die Blätter mit Wasser besprüht und mit einem Schwamm abwäscht.

Häufige Schädlinge

Schild- und Wollläuse befallen Zimmerpflanzen am häufigsten. Inspizieren Sie Ihre Pflanzen ab und an genau, und suchen Sie dabei vor allem nach kleinen braunen Schilden oder weichen, flauschigen Haarbällchen. Beide Schädlinge ernähren sich vom Pflanzensaft und schwächen ihre Wirtspflanzen im Laufe der Zeit nachhaltig. Bei geringem Befall können Sie die Tiere einfach absammeln. Sind die Pflanzen stark befallen, bekämpfen Sie die Läuse mit einem selbst gebrauten Insektizid aus Pflanzenöl und Flüssigseife: Zwei Tassen Öl mit einer Tasse Seife zu einer weißlichen Emulsion verquirlen und einen Esslöffel davon mit 1 l Wasser verdünnen. Wenn Sie Ihre Pflanzen mit dieser Brühe einsprühen, ersticken die Insekten.

Andere beliebte Zimmerpflanzen

Hierzu gehören in Töpfen gezogene Kräuter wie Petersilie, Basilikum und Koriander, Sukkulenten, Kakteen und Aloen sowie immergrüne Pflanzen wie Philodendron, weitere Sanseviera-Arten, Bromelien, Wunderstrauch und Kolbenfadenarten.

Knotenkunde

Knoten oder nicht knoten? Die Antwort ist einfach: knoten! Knoten gehören zu den ältesten und nützlichsten Erfindungen der Menschheit. Sie sind unglaublich belastbar und haben sogar einen Zweig der Mathematik inspiriert – die Knotentheorie. Worauf also noch warten? Knoten Sie drauflos!

DAS BRAUCHEN SIE: SEILE / MESSER

Aus praktischen Gründen ist es immer gut zu wissen, wie man ein paar grundlegende Knoten knüpft. Die folgenden zwölf Knoten leisten Ihnen in den unterschiedlichsten Lebenslagen gute Dienste.

Achterknoten

Stopperknoten aus einem Seil, der z.B. beim Segeln oder Klettern dafür sorgt, dass Taue nicht aus ihrer Halterung rutschen. Einer der vier grundlegenden Seemannsknoten.

Kreuzknoten

Einfacher Knoten zum Verbinden zweier Taue oder Seilenden. Segler und Kletterer nutzen ihn ebenso wie Weber. Auch zum Verschnüren von Geschenkband geeignet. Ebenfalls einer der vier grundlegenden Seemannsknoten.

Überhandknoten

Einfacher Stopperknoten aus einem Seil; häufig Grundlage für kompliziertere Knoten. Praktisch zum Verschnüren von Paketen. Am Ende eines Fadens verhindert er das Ausfransen der Litzen.

Webeleinenstek/Mastwurf

Knoten zum Vertäuen von Leinen an Pollern oder Pfosten. Er lässt sich schnell wieder lösen und gehört zu den Seemannsknoten.

Wickelknoten

Dieser Knoten dient dazu, mehrere Seile oder Fäden zusammenzuhalten. Er wird aus einem Faden geknüpft und häufig bei Makrameearbeiten und anderen kunsthandwerklichen Projekten eingesetzt.

Altweiberknoten

Einfacher Knoten zur Verbindung zweier Seile oder Schnüre. Gleicht dem Kreuzknoten, ist aber nicht so strapazierfähig.

Trossenstek

Knoten zur Verbindung zweier Leinen. Besonders gut geeignet für sehr schwere Seile oder Taue, die zu sperrig für filigranere Knoten sind.

Ankerstich

Ein einfacher Knoten zum Befestigen eines Seils an einem Objekt. Er lässt sich leicht wieder lösen.

Slipstek

Einfacher Knoten zur vorübergehenden Befestigung einer beweglichen Leine an einem Objekt oder einem anderen Seil. Der Knoten gleitet an dem Objekt oder Seil entlang.

Schotstek

Knoten zum Verbinden zweier Seile, der sich schnell wieder auflösen lässt. Die Pfadfinder nennen ihn gekreuzten Weberknoten.

Fischerknoten

Auch „einfacher Spierenstich" genannt. Knoten zum Verbinden zweier dünner, steifer oder glitschiger Seile. Bei Anglern beliebt.

Palstek

Dient zum Knüpfen einer festen Schlaufe am Ende eines Seils. Der häufigste Seemannsknoten.

ACHTERKNOTEN

KREUZKNOTEN

ÜBERHANDKNOTEN

WEBELEINENSTEK/
MASTWURF

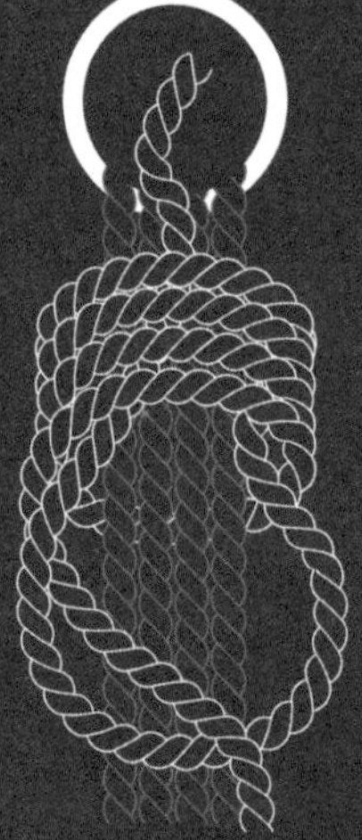

WICKELKNOTEN

ALTWEIBERKNOTEN

TROSSENSTEK

ANKERSTICH

SLIPSTEK

SCHOTSTEK

FISCHERKNOTEN

PALSTEK

Blumenampel aus Makramee

Makramee ist eine alte Knüpftechnik zur Herstellung von Textilien. Sie wurde im 13. Jahrhundert von arabischen Webern entwickelt. Seefahrer knüpften mit dieser Technik im 19. Jahrhundert Netze und Hängematten. Sie ist mehr oder weniger universell einsetzbar, wie bei diesen hübschen Blumenampeln.

DAS BRAUCHEN SIE: METALLRING (AM BESTEN EINEN SCHLÜSSELRING) / 4 X 130 CM NEONFARBENE MAURERSCHNUR* / 3 X 30 CM NEONFARBENE MAURERSCHNUR / 3 UNTERSCHIEDLICHE HOLZPERLEN (MIT GROSSEN LÖCHERN) / KLEINES GLASGEFÄSS

Zum Knüpfen dieser leuchtend bunten Blumenampeln braucht es keinerlei Erfahrung mit Makramee. Sie sind im Handumdrehen fertig und lassen sich, mit kleinen Glasgefäßen und hübschen Zweigen oder Blumen bestückt, zu schönen Arrangements gruppieren. Ein tolles Geschenk für Freunde, die Blumen mögen!

So geht's

1. Den Metallring an einen Nagel hängen oder auf die Schreibtischplatte kleben. So lässt es sich am einfachsten arbeiten.

2. Die vier langen Schnüre durch den Ring legen und die Enden auf die gleiche Länge ziehen. Gearbeitet wird mit insgesamt acht Schnüren.

3. Eine 30 cm lange Schnur zu einem U legen und direkt unterhalb des Metallrings gegen die acht Seile pressen. Ein Ende der Schnur oben etwa 10 cm überstehen lassen, vier- bis fünfmal um die Schlaufe und die Seile wickeln, durch den am unteren Ende herausschauenden Bogen des Us führen und festziehen. Diesen Knoten nennt man Wickelknoten (siehe Seite 209). Überstehende Schnurenden abschneiden.

4. Alle acht Schnüre durch die drei Holzperlen fädeln und bis zur Basis des Wickelknotens hochschieben.

5. Unter den Perlen einen weiteren Wickelknoten arbeiten.

6. Die acht Schnüre in vier Paare teilen und etwa 20 cm unterhalb des Rings jeweils einen Überhandknoten schlingen.

7. Die Paare teilen, benachbarte Schnüre zu neuen Paaren zusammenstellen, wie auf dem Foto zu sehen, und etwa 10 cm unterhalb des ersten einen zweiten Überhandknoten schlingen.

8. Die Paare erneut teilen und einen dritten Überhandknoten schlingen.

9. Etwa 7 cm unterhalb dieses Knotens alle Schnüre mithilfe eines Wickelknotens zusammenfassen. Die herabhängenden Seilenden auf die gewünschte Länge kürzen.

10. Ein kleines Glasgefäß in die Ampel hängen und einen Steckling oder einen kleinen Blumenstrauß hineinstellen.

* Maurerschnur gibt es im Baumarkt.

Pastinaken-Apfel-Suppe mit Estragon und Pastinakenchips

Man kann nie genug Wintersuppen-Rezepte haben: Sie wärmen von innen und sind ideal, um große Mengen Wintergemüse zu verwerten. Die Äpfel betonen mit milder Süße den Geschmack der Pastinaken, während gerösteter Knoblauch der Suppe Charakter verleiht und Estragon subtile Anisaromen beisteuert.

FÜR 6 PERSONEN

Estragonöl, Estragon-Walnuss-Pesto

ERGIBT ETWA 100 ML ÖL UND 250 G PESTO

45 g Estragon

125 ml Olivenöl + 80 ml zum Beträufeln

160 g Walnusskerne, geröstet*

20 g Petersilie

1 TL Zitronensaft

Salz und Pfeffer

Pastinakenchips

250 g Pastinaken, abgebürstet und trocken getupft

2 EL Öl

Salz

Estragonöl, Estragon-Walnuss-Pesto

1. Den Estragon mit 125 ml Öl im Mixer pürieren. Das Püree in einem kleinen Topf bei mittlerer Hitze drei Minuten kochen, damit der Estragon sein Aroma entfalten kann.

2. Zwei Esslöffel Estragonöl in ein Servierschälchen gießen und beiseitestellen.

3. Das Püree in einem Mixer mit Walnüssen, Petersilie, Zitronensaft und ¼ Teelöffel Salz sowie Pfeffer zu einer grobkörnigen Paste verquirlen.

Pastinakenchips

1. Den Backofen auf 200 °C vorheizen und ein großes Backblech mit Backpapier auslegen.

2. Die Pastinaken mit einem Kartoffelschäler in Streifen hobeln. Die Streifen mit Öl und Salz beträufeln und nebeneinander auf das Backblech legen (sie dürfen einander nicht überlappen).

3. Die Pastinakenstreifen etwa 20 Minuten backen, bis sie kross sind. Nach zehn Minuten wenden.

* Walnüsse können bei mittlerer Hitze ohne Zugabe von Fett in einem Topf auf jeder Seite etwa zwei bis drei Minuten angeröstet oder auf einem mit Backpapier ausgelegten Backblech bei 190 °C fünf bis zehn Minuten im Ofen geröstet werden. Gelegentlich wenden, damit sie von allen Seiten gleichmäßig bräunen.

Tipp: Estragon treibt im Sommer hübsche gelbe Blüten, die Sie trocknen können, um sie im Winter zum Garnieren von Gerichten zu verwenden.

Pastinaken-Apfel-Suppe mit geröstetem Knoblauch

1 Knoblauchknolle (etwa 10 Zehen)

60 g Butter

2 Stangen Lauch

2 Stangen Staudensellerie

2 süße Äpfel (z. B. Fuji oder Royal Gala)

1 Lorbeerblatt

125 ml trockener Weißwein

750 g Pastinaken, geschält und in 1 cm große Stücke geschnitten

750 ml Gemüsebrühe

Salz und frisch gemahlener weißer Pfeffer

Zubereitung

1. Den Backofen auf 200 °C vorheizen.

2. Das obere Ende der Knoblauchknolle abschneiden und entsorgen. Die Knolle mit Öl beträufeln, in Alufolie einwickeln und etwa 30 Minuten backen, bis die Zehen weich sind.

3. Butter, Lauch und Sellerie in einem großen Topf bei mittlerer Hitze erwärmen und rühren, bis die Butter geschmolzen ist. Den Deckel aufsetzen, die Hitzezufuhr reduzieren und das Gemüse sieben Minuten dünsten lassen. Äpfel und Lorbeerblatt zufügen und drei Minuten mitdünsten. Den Wein zugießen, die Hitzezufuhr erhöhen und alles eine Minute kochen.

4. Pastinakenstücke und gerösteten Knoblauch untermischen, Gemüsebrühe und 750 ml Wasser zugießen. Den Deckel aufsetzen, die Suppe aufkochen und auf kleiner Flamme 15 Minuten köcheln lassen.

5. Das Lorbeerblatt herausnehmen und die Suppe im Mixer pürieren.

6. Die Suppe wieder in den Topf füllen, falls sie zu dickflüssig ist, etwas Wasser zugeben und mit Salz und weißem Pfeffer abschmecken.

7. Die Suppe mit dem Estragonpesto, einem Spritzer Öl und Pastinakenchips servieren.

Pilze züchten

Tiere, Pflanzen, Mineralien - oder Pilze? Pilze bilden in der Natur ein eigenständiges Reich, und anders als die meisten Nutzpflanzen gedeihen diese „Aliens“ im Dunkeln. Haben sie sich erst einmal zum Wachsen entschlossen, können sie ihre Größe innerhalb von zwei Tagen gut und gerne verdoppeln.

DAS BRAUCHEN SIE: FERTIGKULTUR / SPRÜHFLASCHE / WASSER

Was wir gemeinhin als Pilze bezeichnen, sind lediglich Fruchtkörper eines ausgedehnten Myzels, das aus fadenförmigen Zellen besteht. Pilze vermehren sich nicht durch Samen, sondern durch Sporen. Die sind so winzig, dass man sie mit bloßem Auge nicht sehen kann.

Jeder Ständerpilz bildet in der braunen Fruchtschicht an der Unterseite seines Huts circa 16 Milliarden Sporen. Da Pilze und ihre Sporen kein Chlorophyll besitzen, benötigen die Sporen Holzfasern, Sägemehl, Stroh, Holzchips, flüssigen Grund oder Kaffeesatz zum Keimen. Als Basis für die häusliche Pilzzucht dient folglich eine Mischung aus Sporen und Nährstoffen - die sogenannte Pilzbrut. Man könnte sie mit einer Joghurtkultur oder Sauerteig vergleichen.

Obwohl die Pilzbrut selbst Pilze hervorbringt, fällt die Ernte größer aus, wenn Sie die Kultur auf ein Substrat aufbringen. Je nach Pilzart empfehlen sich hierfür Stroh, Pappe, Holz, Holzspäne oder Kompost mit einer Mischung aus Stroh, zerkleinerten Maiskolben, Baumwolle und Kakaobohnenschalen, Gips und Stickstoffdünger.

Die Pilzbrut enthält das Myzel. Sobald es das Substrat durchdrungen hat, bilden sich die ersten Fruchtkörper.

Pilze züchten

Wer noch nie Pilze gezüchtet oder nur wenig Platz hat, besorgt sich für den Anfang am besten eine Fertigkultur bei einem Händler vor Ort oder bei einem der zahlreichen Versandhändler. Stellen Sie das Paket an einen kühlen, dunklen Ort, schneiden Sie die Plastikfolie auf, und verteilen Sie die Deckerde auf der Blockoberseite, bzw. befolgen Sie die mitgelieferten Kulturanweisungen. Jetzt heißt es nur noch, das Substrat feucht zu halten. In der Regel ist es bereits mit Pilzmyzel durchwachsen. Besonders geeignet für die häusliche Zucht sind Champignons, Portobellopilze, Austernpilze, Shiitakepilze und der Gemeine Samtfußrübling (Enoki).

Pilze gedeihen in einer dunklen, kühlen, feuchten Umgebung am besten, also z.B. in der Garage, unter der Spüle oder in einem Schrank.

Eine Umgebungstemperatur zwischen 17 und 20°C ist meist ideal, doch manche Pilze, wie z.B. Enoki-Pilze, bevorzugen kühlere Temperaturen und können daher auch im Winter kultiviert werden.

Nach ungefähr drei bis fünf Wochen können Sie die ersten Pilze ernten. Pflücken Sie sie einzeln ab, um nachwachsende Fruchtkörper nicht zu beschädigen oder im Wachstum zu stören. Eine Fertigkultur ergibt normalerweise zwei gute Ernten und ein paar „Nachkömmlinge“, bevor das Myzel abstirbt. Sind alle Pilze abgeerntet, können Sie das Substrat auf den Kompost werfen oder im Garten untergraben.

Seile und Kordeln drehen

Die Herstellung von Schnüren, Tauen und Seilen aus Pflanzenfasern ist eine alte Kunst. Dieses einfache zweisträngige Seil ist schnell gedreht und universell einsetzbar: zur Anfertigung von Schmuck, als Geschenkschnur, zum Flechten von Körben, zum Weben von Netzen und beim Abenteuerurlaub in der Wildnis.

DAS BRAUCHEN SIE: PFLANZENFASERN / WASSER

Seile und Schnüre können aus Brennnesseln, Schilf, Binsen und anderen Gräsern, Baumrinde und sogar Tierhaar gefertigt werden. Am einfachsten geht es mit Gräsern, z.B. Schilf oder Binsen, aus denen sich leicht frische Fasern gewinnen lassen. Für ein gutes, stabiles Seil benötigen Sie Fasern gleicher Stärke.

Vorbereitung

Die Fasern mit Wasser befeuchten, damit sie schön geschmeidig und griffig werden. Je nach Art des verwendeten Materials müssen Sie die Fasern einweichen, in Wasser eintunken oder einfach nur mit nassen Fingern darüberstreichen. Probieren Sie aus, was am besten funktioniert.

Fasern unterschiedlicher Stärke sollten Sie nach Möglichkeit zur Herstellung verschiedener Seile verwenden. Natürlich sind selbst gedrehte oder geflochtene Seile niemals perfekt oder gleichmäßig dick. Auch dass die Fasern an den Enden ausdünnen, ist kein Grund zur Sorge, denn beim Flechten werden regelmäßig neue Fasern eingefügt.

Ein „Auge" legen

Nehmen Sie zwei Fasern zusammen auf, und legen Sie sie so übereinander, dass eine kleine Schlaufe entsteht. Die Enden unterschiedlich lang herabhängen lassen, damit sich später leicht neue Fasern einflechten lassen.

Die Fasern unterhalb des „Auges" mit Daumen und Zeigefinger einer Hand fassen und die beiden Stränge mit der anderen Hand in die entgegengesetzte Richtung drehen. Da sich in den Fasern Spannung aufbaut, hält das „Auge" bald von selbst - der Anfang ist geschafft!

Neue Fasern einfügen

Die Faserbündel am „Auge" festhalten, den hinteren Strang mit der anderen Hand fest verdrillen, straff ziehen, über den vorderen Strang legen und mit Daumen und Zeigefinger fixieren. Nun den vormals vorne, nun hinten liegenden Strang ebenfalls verdrillen, straff ziehen und über den vorderen Strang legen. Auf diese Weise fortfahren, bis eine Faser ausdünnt und eine neue eingefügt werden muss. Legen Sie eine frische Faser gleicher Stärke auf das dünner werdende Ende, und drehen Sie den Anfang der neuen Faser einfach mit ein - damit man den Übergang nicht sieht und das Seil später nicht splisst, am besten so, dass die Verbindungsstelle innen liegt. Anschließend wie gehabt mit dem Verdrillen des Seils fortfahren und bei Bedarf weitere Fasern einlegen. Wenn das Seil die gewünschte Länge hat, sichern Sie das Ende mit einem Knoten.

Einen Korb flechten

In vielen Regionen der Welt, von Skandinavien bis Amerika, haben Archäologen Überreste geflochtener Körbe und Netze entdeckt. Sie können also darauf bauen, dass ein selbst gebastelter Korb, wie Sie ihn hier sehen, dem Zahn der Zeit trotzen wird. Für Sammeltouren ist er ohnehin unentbehrlich.

DAS BRAUCHEN SIE: FASERN ZUR HERSTELLUNG VON SEILEN ODER FERTIGE SEILE / STICKNADEL MIT STUMPFER SPITZE / SCHERE

Haben Sie schon ein paar Seile gedreht, wie auf den vorigen Seiten beschrieben? Dann ist dieses ebenso nützliche wie hübsche Körbchen vielleicht genau das richtige Projekt für Sie. Es ist einfach zu flechten und wird Ihnen jedes Mal, wenn Sie es benutzen, Freude bereiten.

So geht's

1. Suchen Sie sich eine bequeme Sitzposition, und wickeln Sie sich ein mehrere Meter langes Seil zweimal um einen Oberschenkel oder um beide Beine, falls der Korb größer ausfallen soll. Diese beiden Stränge bilden den Rand Ihres Korbs.

2. Das eine Seilende verknoten, das andere durch eine Sticknadel fädeln.

3. Das Seil mit der Nadel über den Rand führen. Das Seilende nach unten ziehen und unterhalb des Rands eine Schlaufe hängen lassen. Diese können Sie so klein oder groß anlegen, wie Sie mögen – je größer sie ausfällt, umso größer sind später die Lücken im Gewebe.

4. Das Seilende von vorne nach hinten durch das am nächsten liegende Ende der Schlaufe ziehen.

5. Auf diese Weise rund um den Korbrand Schlaufen arbeiten. Schieben Sie hierzu die Seile, die Sie um Ihr Bein geschlungen haben, jedes Mal ein Stückchen weiter.

6. Die erste Schlaufe der zweiten Reihe am herabhängenden Ende der darüberliegenden Schlaufe fixieren. Auf diese Weise mit dem Knüpfen fortfahren.

7. Runde um Runde Schlaufen arbeiten, bis der Korb die gewünschte Höhe erreicht hat.

8. Wenn Sie einen eckigen Boden bevorzugen, legen Sie den Korb einfach flach hin und verbinden die Schlaufen mit Reihstichen.

9. Für einen runden Boden müssen Sie bereits ein paar Reihen vorher mit dem „Abnehmen" beginnen (einfach in jeder Reihe Stiche auslassen) und die Schlaufen der letzten Reihe zusammenziehen.

10. Das Seilende verknoten und störende Faserenden abschneiden.

11. Für den Griff ein Stück Seil um den Rand des Korbs führen, verdrillen und auf der anderen Seite fixieren.

Vogelnest

„Natur ist kein Ort, der besucht wird, sie ist Heimat.“

GARY SNYDER, *LEKTIONEN DER WILDNIS*

Pflanzenfarben gewinnen

Bevor synthetische Farbstoffe Farbe in unser Leben brachten, tat dies die Natur. Jahrtausendelang dienten Pflanzenfarben zum Einfärben von Fasern und Textilien. An den Verfahren zur Gewinnung natürlicher Pigmente und ihrer Verwendung zum Färben von Naturfasern hat sich bis heute nicht viel geändert.

DAS BRAUCHEN SIE: GUMMIHANDSCHUHE / GETROCKNETES ODER FRISCHES PFLANZENMATERIAL / GROSSEN TOPF / WASSER / SIEB / GROSSE SCHÜSSEL ODER ZWEITEN TOPF / STOFF / GROSSEN LÖFFEL / HANDTUCH

Farbe kann aus getrocknetem Pflanzenmaterial wie Wurzeln und Hartholzspänen oder aus frischen Wurzeln, Blättern und Blüten gewonnen werden. Machen Sie ruhig eigene Experimente.

Folgende Pflanzen eignen sich zum Färben:

- Blau – Indigo, Färberwaid
- Grün – Goldrute, Heidekraut
- Orange – Bartflechte, Kirschbaumrinde
- Violett – Holunderbeeren
- Rosa – Hibiskusblüten, Heidelbeeren
- Rot – Krappwurzel, Stockrose, Blutweiderich
- Gelb – Färberdistel, Reseda, Küchenzwiebel

Sicherheitshinweis

Beim Hantieren mit Farben, gefärbten Stoffen und Beizmitteln sollten Sie immer Gummihandschuhe tragen. Handschuhe, Geschirr oder Löffel, die Sie zum Färben benutzen, niemals zum Kochen verwenden.

Farbstoffe gewinnen und aufbereiten

Getrocknete Pflanzen: Die Pflanzen zerkleinern, in einen Topf geben, mit warmem Wasser bedecken und über Nacht stehen lassen. Am nächsten Tag weiteres Wasser zugießen, den Topf auf den Herd stellen, die Mischung aufkochen und dann mindestens 30 Minuten köcheln lassen. Die Farbe hellt beim Trocknen auf; der Sud muss also dunkler sein als das gewünschte Ergebnis. Wenn Sie mit der Farbe zufrieden sind, gießen Sie die Flüssigkeit durch ein Sieb in einen Topf oder in eine hitzebeständige Schüssel. Dies ist Ihr Farbbad.

Frische Pflanzen müssen Sie nicht einweichen. Stellen Sie sie in einem Topf direkt auf den Herd, und verfahren Sie weiter, wie oben beschrieben.

Das Farbbad kann für mehrere Färbungen verwendet und bei Bedarf einige Tage im Kühlschrank gelagert werden.

Geeignetes Farbgut

Naturfasern wie Wolle, Baumwolle und Seide nehmen Pflanzenfarbe gut auf. Für optimale Ergebnisse und um die Farbe zu fixieren, sollte das Farbgut vor dem Färben mit Beize (Alaun oder Tonerde) behandelt werden. Je nach Beizmittel lassen sich mit ein und derselben Pflanze unterschiedliche Farbtöne erzielen. Genaue Anleitungen finden Sie in einschlägiger Literatur und auch im Internet.

Stoff färben

Den sauberen, nassen Stoff in das Farbbad legen und etwa 30 Minuten (oder bis der gewünschte Farbton erreicht ist) darin bei 80°C färben. Je länger er im Farbbad verbleibt, desto intensiver wird die Farbe. Das Farbgut immer wieder umrühren, damit es die Farbe gleichmäßig annimmt. Das Farbbad durch ein Sieb in einen zweiten Topf gießen, den Stoff in kaltem Wasser gründlich auswaschen und, auf einem Handtuch ausgebreitet, trocknen lassen.

Filzkugeln

Filz entsteht durch das Verdichten und Pressen von Fasern. Er wird von der Bekleidungsindustrie, beim Bau und in der Autoindustrie verwendet. Diese Filzkugeln sind aus Wolle. Sie können zu einer Kette aufgefädelt oder als Flummies verwendet werden. Probieren Sie's aus - sie springen tatsächlich!

DAS BRAUCHEN SIE: FILZWOLLE / GUMMIHANDSCHUHE / KRUG MIT HEISSER SEIFENLAUGE / KRUG MIT HEISSEM WASSER / HANDTUCH / ZAHNSTOCHER, FILZNADELN ODER STRICKNADELN (OPTIONAL) / BACKBLECH

Besorgen Sie sich Filzwolle in möglichst vielen leuchtenden Farben. Auch Reste von Naturgarnen können Sie verwenden. Lassen Sie sich in einem Wollladen inspirieren.

Selbst gefärbte Wolle muss vor dem Filzen vollständig getrocknet sein. Zerteilen Sie die Filzwolle vorsichtig in kleine Büschel, und ziehen Sie Gummihandschuhe an, ehe Sie mit dem Filzen beginnen.

Filzkugeln formen

Einen kleinen Wollbausch fest mit Filzwolle umwickeln, bis das Knäuel etwa doppelt so groß ist, wie gewünscht. Die Wollfasern dabei immer gut auseinanderziehen.

Das Knäuel in die heiße Seifenlauge legen, durchweichen lassen, wieder herausnehmen und - ohne es auszudrücken - mit den Händen zu einer Kugel formen. Am besten legen Sie ein Frotteehandtuch unter, das herabtropfendes Wasser aufsaugt. Die Kugel etwa zehn Minuten kneten und in klares heißes Wasser tauchen, sobald sie abkühlt. Keine Sorge, wenn sie zunächst etwas unförmig wirkt. Das wird noch!

Muster einfilzen

Punkt- und Streifenmuster lassen sich leicht anbringen. Für Punkte einfach kleine Wollreste mit einem Zahnstocher oder einer Stricknadel in die Kugel stechen, für Streifen mit den Fingerspitzen Wollfäden einarbeiten. Die Kugel wieder ins Wasser tauchen und weiterkneten.

Der letzte Schliff

Die Kugel weiter zwischen den Handflächen rollen, zwischendurch, wenn sie abkühlt, in die heiße Seifenlauge oder - falls die Kugel zu seifig wird - in das klare Wasser tauchen und ausdrücken. Je länger Sie die Kugel rollen, desto kleiner und fester wird sie. Zum Schluss mit mehr Druck arbeiten, damit sie schön rund und dicht wird.

Wenn Sie die Kugeln zur Herstellung einer Kette, eines Armbands oder einer Girlande verwenden möchten, durchbohren Sie sie mit einem Zahnstocher oder einer Stricknadel, solange sie noch nass sind. Dann ein letztes Mal rollen.

Die Kugeln mit kaltem Wasser ausspülen, auf ein Backblech legen und trocknen lassen.

Exemplare mit kleinen (Form-)Fehlern (also z.B. Kugeln, deren Fasern nicht richtig miteinander verfilzt sind) mit einem Becher oder einem flachen Gegenstand ein wenig klopfen, um die Fasern zusammenzudrücken, und weiterrollen.

Zweige bemalen

Wald-Mikado: Halten Sie bei Ihren Winterspaziergängen Ausschau nach herabgefallenen Zweigen oder interessantem Treibholz , das Sie zu Hause in kleine ökologische Kunstwerke verwandeln können. Ein schlichtes, entspannendes Projekt, für das es nur geringer Fingerfertigkeit bedarf.

DAS BRAUCHEN SIE: SCHLEIFPAPIER / ACRYLFARBE ODER ACRYLTINTE / ZWEIGE (VERSCHIEDENE GRÖSSEN) / STÖCKCHEN

Das Material zusammenstellen

Wenn Sie in einem Park, im Wald oder an einem Bachufer herumschlendern, werden Sie viele heruntergefallene Zweige entdecken, die sich mit ein wenig Farbe in hübsche Dekorationsobjekte verwandeln lassen. Knotige, krumme Stöckchen wirken besonders eindrucksvoll, gerade sie lassen sich am einfachsten bemalen und aufhängen.

So geht's

Die Stöckchen in Seifenlauge gründlich reinigen und trocknen lassen. Wenn sie vollständig trocken sind, die Oberfläche mit Sandpapier glatt schmirgeln.

Verwenden Sie zum Bemalen der Stöckchen Acrylfarbe (am besten mit Grundierung), und legen Sie los, ohne allzu viel nachzudenken: Bringen Sie eine Grundfarbe auf, die Sie anschließend nach Lust und Laune mit Streifen, Punkten, Zickzack- oder anderen Mustern in einer Kontrastfarbe schmücken. Führen Sie ein Skizzenbuch mit sich, wenn Sie auf die Pirsch gehen, und lassen Sie sich von den Mustern, die Sie in der Natur vorfinden, inspirieren.
In leuchtenden Farben auf ein paar Stöckchen gebannt, wirken sie fantastisch.

Wenn die Farbe getrocknet ist, die Stöckchen bzw. Zweige lackieren und trocknen lassen.

Präsentation

Zu mehreren nebeneinander an einer Wand aufgereiht, sind bemalte Stöckchen ein echter Blickfang. Hierfür eignen sich vor allem relativ gerade Zweiglein. Aus den krummen Exemplaren können Sie ein Mobile basteln (siehe Seite 125).

Lehnen Sie ein paar Stöckchen an die Wand oder in die ein oder andere Ecke Ihrer Wohnung. Der Anblick dieser Dekorationsobjekte wird Sie immer wieder an Ihre Spaziergänge in der freien Natur erinnern – und Ihre Unternehmungslust vielleicht aufs Neue anstacheln.

Energiekugeln

Diese weichen, kleinen Snacks haben ein wunderbar süßes, nussiges Aroma. Sie passen in jede Lunchbox und spenden eine Menge Energie – ob beim Wandern oder für zwischendurch. Sie ersetzen auch schon mal das Frühstück. Einfach die Zutaten miteinander vermengen, zu Kugeln formen – fertig!

PRO REZEPT ERHÄLT MAN 10 BIS 16 KUGELN

Energiekugeln mit Feigen und Pistazien

100 g Haferflocken
100 g getrocknete Feigen
90 g Sultaninen
60 g Pistazien
½ TL Zimt
1 TL Vanilleextrakt
60 ml Tahini (Sesampaste)
2 EL Apfelsaft
1 EL Olivenöl
1 EL Sesamsaat
¼ TL Salz

Energiekugeln mit Kakao, Chiasamen und Kokosnuss

100 g Mandelmehl
30 g Kakaopulver
30 g Maca-Pulver
185 g getrocknete, entkernte Medjool-Djatteln, grob gehackt
2 EL Chiasamen
1 TL Vanilleextrakt
2 TL Ahornsirup
3 EL Kokosfett, geschmolzen
¼ TL Salz

Diese proteinreichen Kugeln stecken voller gesunder Fette. Sie setzen ihre Energie nur langsam frei, sodass Sie sich lange satt, dank der zuckerreichen Trockenfrüchte aber sofort gestärkt fühlen.

Zubereitung

1. Alle Zutaten in der Küchenmaschine je nach gewünschter Konsistenz grob oder fein hacken und gut durchmischen. Je feiner die Hackmasse, desto leichter halten die Kugeln zusammen. Wenn Sie es lieber knackig mögen, hacken Sie eine Hälfte der Zutaten sehr fein und die andere grob. Anschließend beide miteinander vermengen.

2. Die Mischung portionsweise mit den Händen zu Kugeln mit etwa 3 cm Durchmesser formen. Die Feigenkugeln nach Wunsch mit Zimt und die Kakaokugeln mit Kakao bestäuben oder in Sesamsaat bzw. in Kokosflocken wälzen.

3. In einem luftdichten Behälter halten sich die Kugeln im Kühlschrank bis zu einer Woche.

Ausblick

Danke

All jenen, die an *365 Tage Natur* mitgewirkt haben, möchte ich herzlich danken. Die Idee zu diesem Buch entwickelte sich in zahllosen Gesprächen mit Freunden und Familienmitgliedern, ob auf Fahrradtouren oder beim Teetrinken. Ich danke Eliza Edwards, Liz Ginis und Melissa Kayser, die mich von Anfang an unterstützten.

Auch meiner Kollegin Kasia Pawlikowski gebührt mein Dank. Sie ist ein wahres Multitalent und stets mit Feuereifer bei der Sache. Ihr gestalterisches Können hat mich bei der Planung dieses Buches sehr inspiriert – das Ergebnis spricht für sich.

Danken möchte ich auch allen Autorinnen und Autoren, den Herstellern, Künstlern, Fotografinnen und Fotografen, die dieses Buch erst möglich machten und ihre Talente so großzügig einbrachten.

Ich danke Hardie Grant und unserer liebenswürdigen Lektorin Lauren Whybrow, die von Anfang an an dieses Buch glaubten.

Auch allen Organisationen, die seit 1999 mit Viola Design zusammenarbeiten und diesen Planeten wie wir zu einem schöneren Ort machen möchten, bin ich dankbar.

Last but not least danke ich meiner Familie, die mich unermüdlich unterstützt: Nick, Tasman, Freya, Diana und Chris. Und all meinen Freundinnen und Freunden. Ihr wisst, wer gemeint ist – herzlichen Dank!

Anhang

Artdirection und Layout

Kasia Pawlikowski
Anna Carlile
www.violadesign.com.au

Autoren

Vanessa Murray
www.vanessa-murray.com

Amadis Lacheta
www.amadislacheta.com

Jessica Thompson
Liz Ginis
Bayden Packwood Hine
Natasha Newton
Kitiya Palaskas
Harriet Goodall
Courtney Wotherspoon

Rezepte

Jessica Thompson
www.palate-journal.com

Gestalter

Wildblumenkranz und Blumenstrauß
Wona Bae
www.looseleafstore.com.au

Mobile aus Fundstücken
Eliza Edwards

Terrarium
Charlotte Nicdao
Bayden Packwood Hine
www.plantbypackwood.com

Bemalte Steine
Natasha Newton
www.natasha-newton.co.uk

Tongefäße
Kasia Pawlikowski
Valerie Restarick

Traumfänger
Stina Johansson

Blumenampel aus Makramee
Kitiya Palaskas
www.kitiyapalaskas.com

Seile und Flechtkorb
Harriet Goodall
www.harrietgoodall.com

Bemalte Zweige
Courtney Wotherspoon
www.spoonstudio.com

Bildnachweis

Anna Carlile
www.violadesign.com.au
Coverfoto
Frühling, 10–11
Dinkelsalat mit Frühlingsgemüse, 20
Gemüse selbst ziehen, 24
Hühner halten, 28, 31
Bienen anlocken, 35
Sprossen ziehen, 36
Stockbrot mit Mohn und Rhabarberkompott, 46
Einen Kranz aus Wildblumen flechten, 50
Eine Miniblumenpresse basteln, 54
Pflanzen aus Stecklingen ziehen, 60
Samenbomben, 64
Kräuter ziehen, 88
Kräutertees zubereiten, 90
Einen Blumenstrauß binden, 92, 94–95
Natürliche Duftsprays herstellen, 98
Tomatensalat mit Pfirsichen, 104
Steine bemalen, 112, 114, 116
Heidelbeer-Dinkel-Wähe mit Mandelmilchreme, 118, 120–121
Mobile aus Fundstücken, 124, 126–127
Vögel anlocken, 144
Einkochen und einlegen, 155
Buchweizencrêpes mit Birnen und Feigen, 156, 158–159
Rote-Bete-Gnocchi mit Brennnesselpesto, 164, 167
Einen Drachen bauen, 172
Tongefäße, 176
Mit Blättern drucken, 182
Einen Traumfänger basteln, 200
Zimmerpflanzen als Luftfilter, 202, 204–205
Blumenampel aus Makramee, 208
Pastinaken-Apfel-Suppe mit Estragon, 214, 217
Seile und Kordel drehen, 222
Einen Korb flechten, 224, 226, 227
Filzkugeln, 234
Zweige bemalen, 236
Energiekugeln, 240
Danke, 244

Emilie Ristevski
www.helloemilie.com
Fotos, 48–49, 52–53, 188–189,
Blick in den Sternenhimmel, 188–189
Pilze züchten, 220
Vogelnest, 228

Jason Charles Hill
www.jasoncharleshill.com
Fotos, 68–69, 238–239
Gehen Sie wandern, 38–39
Astronomische Navigation, 192
Schneespaziergang, 196

Johan Lolos
www.johanlolos.com
Fotos, 86–87, 178–179, 180–181, 198–199, 218–219
Waldeinsamkeit, 128–129
Den Sonnenuntergang beobachten, 184–185
Ausblick, 242–243

Marta Potoczek
www.martapotoczek.com
Ein Gemüsebeet anlegen, 14, 17, 18, 19
Tomaten: alte Sorten anbauen, 102
Essbare Wildkräuter sammeln, 162

Megan Robinson
www.meganrobinsonblog.com
Picknicken, 122–123

Teagan Glenane
www.teaganglenane.com.au
Ein Terrarium anlegen, 106, 108–110

Unsplash
www.unsplash.com
Paul Jarvis, Umschlaginnenseiten
Jan Erik Waider, Einleitung, 8
Jonas Nilsson Lee, 12–13
Bryan Rodriquez, 40
Jacob Aguilar-Friend, 41
Alexander Shustov, 56–57, 170
Chris Sardegna, 58, 72
Charles Yeager, 66
Sebastien Gabriel, 70–71
Susanne Feldt, 76–77
Aleksandra Boguslawska, 96–97
Jeremy Cai, 110–111
Iswanto Arif, 132–133
Wilson Lau, 136–137
Roger Burkhard, 142–143
Jennifer Trovato, 146–147
Veronika Sulinská, 150
Jordan Sanchez, 160–161
Alex Jones, 174
Taylor Leopold, 194–195

Shutterstock
www.shutterstock.com
Artistas, 22
Voronina Svetlana, 26
SSokolov, 45
Iravgustin, 62
Mimage Photography, 74
Plamen, 82
Mythja, 85
Piotr Marcinski, 130
Mona Makela, 148
Casanisa, 152
Sunny Forest, 168–169
David Carillet, 186
Sukiyaki, 204–205
Fotografiche, 222
Akiyoko, 229
Ostill, 232

iStock by Getty Images
www.istockphoto.com
Darios44, 32
Bunhill, Tapsiful, Amit erez, 78
Goldfinch photography, Olada, 81
Vitaliy_85, 116
Karnauhov, 118

Getty Images
www.gettyimages.com.au
David Trood, 66

Nanamee
www.nanamee.com
Bernd Vonau, 171

Ian Jacobs, 78
Hehaden, Peter Visser, 81
Michael Paul Young, 140

Ausstattung

Pflanzkelle (Cover) von Grafa
www.grafa.com.au

Keramik

Kim Wallace
www.kwceramics.com.au

Valerie Restarick
www.valerierestarick.com

Locations

Hühner halten und Pflanzen aus Stecklingen ziehen,
Ceres Environment Park

Blumenampel aus Makramee,
Crowley/Cornhill residence

Zimmerpflanzen, Looseleaf

Die Autorin dankt für die Erteilung einer Abdruckgenehmigung für Auszüge aus den unten genannten Werken.

Seite 18: Margaret Atwood, *Bluebeard's Egg*, © 1983 O.W. Toad Ltd, mit freundlicher Genehmigung von Houghton Mifflin Harcourt Publishing Company. All rights reserved.

Seite 39: Rebecca Solnit, *Wanderlust: A History of Walking*, mit freundlicher Genehmigung von Granta Books. All rights reserved.

Seite 57: Sylvia Plath, Die Glasglocke. Übersetzt von Reinhard Kaiser. Suhrkamp 2013, S. 110f

Seite 147: Paul Caponigro, *An Aperture Monograph on Paul Caponigro*, mit freundlicher Genehmigung von Aperture. All rights reserved.

Seite 171: Ernest Hemingway, *By-Line*, Erstveröffentlichung bei Arrow, mit freundlicher Genehmigung von The Random House Group Ltd. All rights reserved.

Seite 185: Jack Kerouac, *On The Road*, © John Sampas Lit. Rep., mit freundlicher Genehmigung von SLL/ Sterling Lord Literistic, Inc. All rights reserved.

Seite 191: Rebecca Solnit, *Storming the Gates of Paradise: Landscapes for Politics*, © 2007 The Regents of the University of California, mit freundlicher Genehmigung von University of California Press. All rights reserved.

Seite 229: Gary Snyder, *The Practice of the Wild*, © 1990, mit freundlicher Genehmigung von Counterpoint. All rights reserved.

Die Autorin dankt Prof. Edward O. Wilson, Harvard University, für seine freundliche Unterstützung und die Erlaubnis, ihn zu zitieren.

Edel Books
Ein Verlag der Edel Germany GmbH

Neumühlen 17, 22763 Hamburg
www.edel.com
1. Auflage 2016

First published by Explore Australia Publishing Pty Ltd, 2015

Australia Publishing Pty Ltd is a division of Hardie Grant Publishing Pty Ltd

Projektkoordination der deutschen Ausgabe: Julia Sommer
Übersetzung: Jutta Orth
Satz und Redaktion: Karin Leonhart für bookwise medienproduktion GmbH

Umschlagadaption: Groothuis. Gesellschaft der Ideen und Passionen mbH | www.groothuis.de

Printed in China

ISBN 978-3-8419-0454-6